DE LA

NULLITÉ DE LA CAUSE ILLICITE

THÈSE POUR LE DOCTORAT

L'ACTE PUBLIC SUR LES MATIÈRES CI-DESSUS

Sera présenté et soutenu le Mardi 29 Mai 1900, à 10 heures

PAR

Albert WAGNER

Président : M. WEISS, *professeur.*
Suffragants { MM. MASSIGLI, *professeur.*
COLIN, *professeur.*

PARIS

LIBRAIRIE DE LA SOCIÉTÉ DU RECUEIL GÉNÉRAL DES LOIS ET DES ARRÊTS
ET DU JOURNAL DU PALAIS

Ancienne Maison L. LAROSE et FORCEL
22, rue Soufflot, 22
L. LAROSE, Directeur de la Librairie

1900

THÈSE

POUR

LE DOCTORAT

DE LA

NULLITÉ DE LA CAUSE ILLICITE

THÈSE POUR LE DOCTORAT

L'ACTE PUBLIC SUR LES MATIÈRES CI-DESSUS

Sera présenté et soutenu le Mardi 29 Mai 1900, à 10 heures

PAR

Albert WAGNER

Président :   M. WEISS, *professeur.*
Suffragants { MM. MASSIGLI, *professeur.*
            COLIN, *professeur.*

PARIS

LIBRAIRIE DE LA SOCIÉTÉ DU RECUEIL GÉNÉRAL DES LOIS ET DES ARRÊTS

ET DU JOURNAL DU PALAIS

Ancienne Maison L. LAROSE et FORCEL

22, *rue Soufflot,* 22

L. LAROSE, Directeur de la Librairie

1900

NULLITÉ DE LA CAUSE ILLICITE

CHAPITRE PREMIER

Généralités

« L'obligation sans cause, ou sur une fausse cause, ou sur une cause illicite, ne peut produire aucun effet » dit l'art. 1131 du Code civil ; et l'art. 1133 ajoute : « La cause est illicite, quand elle est prohibée par la loi, quand elle est contraire aux bonnes mœurs ou à l'ordre public ». Ce dernier texte donne la définition de la cause illicite, définition vague dans laquelle l'attribut ne développe guère la compréhension du sujet ; le premier énonce un principe, il frappe d'absolue nullité toute obligation que ne justifie pas une cause licite et réelle.

La cause, dont le législateur a fait à tort ou à raison un des éléments essentiels de l'obligation (1), c'est, enseignent les auteurs, le but immédiat et apparent que le débiteur veut atteindre en s'obligeant ; et ce but serait, dans les contrats synallagmatiques, l'obligation de l'autre partie, dans les contrats unilatéraux, la prestation que fait le créancier, enfin dans les contrats de bienfaisance, l'intention d'exercer une libéralité. Si l'on considère que, la loi parlant de la cause en maints endroits, mais ne disant nulle part ce qu'elle entend désigner par ce mot, les auteurs ont dû pour en préciser le sens chercher des éclaircissements dans les travaux préparatoires et dans l'ancien Droit, on comprend la théorie qu'ils ont tirée des explications de Domat et de celles

1. La loi n'a-t-elle pas eu tort de faire de la « cause » une condition essentielle pour l'existence de la convention ? Depuis Demolombe et d'une manière plus ou moins générale, tous les auteurs ont répondu affirmativement à cette question. D'abord tous ont enseigné que dans les contrats synallagmatiques la cause se confond avec l'objet et que « les règles sur la cause ne sont que la reproduction, en des termes différents et sans signification précise, des règles sur l'objet ». [Huc, t. VII, nos 75 à 86. Comp. : Demolombe, t. XXIV, no 348 ; Laurent, t. XVI, no 111 ; Aubry et Rau, t. IV, § 345, note 4 ; Baudry-Lacantinerie et Barde, t. I, nos 321 à 326 ; Thiry, t. II, nos 612 et suivants ; Vigié, t. II]. Seulement, disent MM. Aubry et Rau, « quand il s'agit de l'objet des conventions, on envisage en elle-même et isolément la prestation due par chacune des parties, et, quand on s'occupe de la cause, on apprécie les prestations respectivement dues par les contractants en les opposant l'une à l'autre ». Il en est de même pour les contrats unilatéraux : « ils ont, disent MM. Baudry-Lacantinerie

de Bigot-Préameneu (1). Mais ils auraient pu —
c'est aux premiers commentateurs du Code que
nous pensons — se montrer un peu moins res-

et Barde (*loc. cit.*), comme les synallagmatiques, deux objets ;
mais au lieu que ces deux objets soient deux obligations corré-
latives, l'un est une obligation, l'autre une prestation dont l'accomplissement est nécessaire pour la formation même du contrat » [Comp. : Huc, *loc. cit.* ; Laurent, *loc. cit.*]. Enfin
MM. Laurent et Baudry-Lacantinerie et Barde (*loc. cit.*) font
observer que dans les contrats de bienfaisance la cause se
confond avec le consentement. Aussi sommes-nous tentés
d'approuver la conclusion de M. Huc — « Tous les rapports à
titre onéreux peuvent être ramenés à la forme primitive de
l'échange... Pour concevoir un échange, il faut toujours deux
éléments distincts... C'est à titre de contre-valeur que chaque
partie promet la prestation qu'elle prend à sa charge... S'il n'y
a qu'un élément, l'objet ou la matière du rapport fait défaut ; il
n'y a pas de quoi faire l'échange ; *sine re* l'opération n'est pas
seulement nulle, mais, ce qui est plus fort, impossible même à
concevoir... Chaque fois qu'il est question de la cause, dans
les obligations, il ne s'agit en réalité que de l'objet, et par suite
les articles 1108, 1131 et 1133 font double emploi avec les dispositions concernant l'objet, notamment avec l'art. 1128. Il
serait donc à désirer que dans le langage de la doctrine comme
dans le style des arrêts, on ne parle plus d'obligations sans
cause, ou sur fausse cause, ou sur cause illicite, mais seulement d'obligations sans objet réel, suffisamment déterminé, ou
sans objet licite » — celle de M. Baudry-Lacantinerie et Barde —,
« Il était inutile et dangereux de considérer la cause comme
une condition spéciale de l'existence des conventions » —, et
celle de M. Laurent — « La théorie du code sur la cause n'est
pas juridique ». — Pour la doctrine contemporaine, la cause
est donc le contenu même du contrat.

1. V. Domat, *Lois civiles dans leur ordre naturel*, L. I, t. I,
p. 20, nᵒˢ 5 et 7, et les explications de Bigot-Préameneu dans
Locré, t. VI, p. 152.

pectueux d'une tradition à laquelle il était permis de déroger, interpréter plus librement la pensée du législateur et se rallier à une définition qui, tout en laissant subsister la question de l'opportunité de la cause considérée comme condition spéciale de l'existence des conventions, eût à raison de sa généralité moins prêté à la controverse et à la confusion. Ne pourrait-on pas dire par exemple que dans le Code civil français la cause est celui des motifs de s'obliger, celle des raisons de contracter que le contrat, envisagé dans son ensemble, implique nécessairement et fait toujours connaître, ou encore que la cause est celui des mobiles qui, parce qu'il se rattache directement à la formation et à l'effet de la convention, fait corps avec cette dernière et prend ainsi un caractère juridique que n'ont pas les autres ?

Le législateur n'a pas cru devoir en dire plus sur la cause illicite. Etait-il donc nécessaire de tirer les conséquences d'un principe formulé en des termes si précis et si énergiques par l'art. 1131 ? Mieux valait laisser ce soin tant aux autorités chargées d'appliquer la loi qu'aux savants chargés de la commenter. Les redacteurs du Code étaient en droit de penser que cette omission volontaire ne pourrait nuire à l'interprétation de leur volonté. Le tribun Favart, parlant du principe relatif aux nullités des obligations adopté par le projet de la Commission du gouvernement, s'exprimait ainsi : « il divise les engagements de manière à écarter toute difficulté dans l'application » (1).

Il y avait pourtant, pour le législateur, une difficulté à trancher. La nullité des obligations immorales ou illicites se présentait dans l'ancien Droit français avec un caractère particulier qu'elle tenait du Droit romain : on ne donnait pas alors à de telles obligations la même sanction qu'à celles dont la nullité résultait du defaut de cause ou de l'erreur sur la cause. Si le législateur voulait rompre avec cette tradition, il a peut-être manqué de prudence en ne manifestant son intention que par le rapprochement, dans un même article (1131) et sous une même sanction, d'hypothèses que Pothier distinguait. S'il désirait au contraire suivre Pothier, ne devait-il pas éviter ce rapprochement et reproduire la règle traditionnelle relative à la cause illicite? Pour s'être contenté d'une expression tacite de volonté, il a fait naître le doute.

En 1874, dans le *Recueil général des lois et des arrêts*, M. Dubois parle de « l'incertitude de la Jurisprudence et des auteurs sur ce point, incertitude qui, loin de disparaître, va plutôt croissant depuis quelques années... » En 1890, dans le

_____

1. Fenet, t. XIII, pp. 318 et 319.

même recueil, M. Ed. Maynial écrit : « La sanction qu'il convient de donner aux obligations immorales ou illicites est un des points les plus incertains de notre droit » (1). A cette question les auteurs ont répondu par deux systèmes opposés, les tribunaux par des jugements ou arrêts contradictoires ; et, de nos jours encore, si la doctrine paraît ne plus hésiter, la Jurisprudence cherche une solution tantôt dans les règles de la répétition du paiement de l'indû — appliquant les art. 1235 et 1376 —, tantôt dans la théorie romaine de la *Condictio ob turpem causam* —appliquant la maxime *Nemo auditur propriam turpitudinem allegans.*

De ces deux solutions laquelle est conforme à la loi? Telle est la question que nous nous proposons d'étudier.

Il est permis, il est même naturel d'en méconnaître tout d'abord la portée, de penser que les prohibitions de la loi, que le sentiment de l'honneur, que celui de l'ordre public doivent empêcher la conclusion de pactes dangereux ou odieux. Mais il suffit de consulter les recueils de jurisprudence pour se convaincre du contraire : il faut compter toujours avec la faiblesse humaine, souvent avec

1. S. 74, 1, 241, note. — S. 90, 2, 97, note. Ces notes sont à lire en entier.

les usages et quelquefois avec les nécessités éono-
miques.

Les auteurs ne posent pas la question d'une
manière si générale ; ils la formulent plutôt ainsi :
« Que doit-il advenir au cas de repétition d'une
prestation faite en vertu d'une cause illicite, lorsque la turpitude est commune aux deux parties ? »
Cette restriction du domaine de la controverse a
sa raison d'être ; c'est seulement en effet au cas
de turpitude commune et de répétition d'une prestation qu'il y a intérêt — un intérêt pratique — à
opposer au système romain et traditionnel celui
— différent — que paraît contenir l'article 1131
C. civ. En Droit romain et dans l'ancien Droit français la sanction de l'obligation immorale ou illicite variait suivant que la turpitude était imputable aux deux parties ou bien au créancier
seul. Au cas de turpitude commune aux deux
parties — engagement pris envers quelqu'un afin
de lui faire commettre un délit —, ni l'une ni
l'autre n'avait d'action, ni le créancier pour obtenir l'éxécution de l'obligation, ni le débiteur pour
répéter la prestation par lui effectuée en éxécution
de ladite obligation : *nemo auditur propriam
turpitudinem allegans.* Si le reproche d'immoralité ne s'adressait qu'au créancier — promesse
souscrite pour déterminer le bénéficiaire à s'abs-
tenir d'un acte immoral —, ce dernier ne pouvait

agir en justice au sujet de cette créance (*nemo auditur*.....) ; mais le débiteur avait le droit d'invoquer la *turpis causa*, soit sous forme d'exception pour refuser le paiement, soit par une action pour obtenir la restitution de la chose payée. Invariable, au contraire, est la sanction que la doctrine actuelle donne, en vertu de l'article 1131 C. civ., aux obligations sur cause illicite. « Elles ne peuvent produire aucun effet ». Les auteurs en concluent que la loi les frappe de nullité absolue et que par conséquent le débiteur peut toujours, quelle que soit sa turpitude, répéter ce qu'il a payé en exécution d'une telle obligation ; de son côté le créancier n'a jamais d'action pour obtenir cette exécution.

Si différentes que paraissent être les deux sanctions, elles conduisent dans la plupart des cas au même résultat. D'une part, en effet, tant que l'obligation n'est pas exécutée, la situation du débiteur poursuivi est la même : le créancier, qui actionne en paiement, invoque sa propre turpitude — ce que lui défend la maxime romaine —, et prétend faire produire un effet à une obligation illicite — ce que prohibe l'art. 1131 C. civ. — D'autre part, si l'on suppose l'obligation exécutée et le débiteur exempt de turpitude, on remarquera que le Droit romain, comme notre Droit actuel, autorise la répétition du paiement effectué. Il faut arriver enfin à l'hypo-

thèse dernière — le débiteur, complice de la turpitude, réclame la restitution de la chose payée —
pour rencontrer une différence entre les résultats
des deux systèmes. Ce débiteur invoque la *turpis
causa*, qui, en l'espèce, se trouve être sa propre
turpitude, à seule fin de faire annuler les effets de
l'obligation illicite : aussi le principe du Code
civil ordonne-t-il de lui donner satisfaction, tan-
disque la maxime romaine le prive du droit
d'agir.

C'est alors qu'on voit d'un côté la règle traditionnelle sanctionner les obligations immorales
ou illicites par une fin de non-recevoir, conduire
au maintien des effets produits jusqu'alors par le
contrat, aboutir à une sorte d'*Uti possidetis*, et de
l'autre le principe moderne de nullité absolue les
sanctionner, au contraire, par l'action en répétition,
conduire à l'anéantissement de tout effet produit
par elles, aboutir à une véritable *Restitutio in integrum*.

C'est alors seulement qu'il devient intéressant
de se demander si l'art. 1131 C. civ. ne s'oppose
pas à l'application de la règle romaine.

Puisqu'il en est ainsi, nous suivrons l'exemple
de nos maîtres ; nous envisagerons spécialement
le cas de répétition d'une prestation faite en éxécution d'une cause illicite : ce sera, si l'on veut,
notre *moyen*. Mais le *but* de notre étude est en

réalité la solution de la question plus générale que cette hypothèse soulève : c'est la solution d'un conflit entre le respect de la tradition et celui de la loi.

CHAPITRE II

Droit romain

C'est au Droit romain, à la théorie de la *Condictio ob turpem causam* que notre ancien Droit français a emprunté la sanction qu'il donnait aux obligations illicites ou immorales ; les textes du Digeste et du Code de Justinien étaient alors pour Domat, de Ferrière ou Pothier de véritables arguments. Postérieurement au Code civil les textes romains ont perdu cette valeur intrinsèque ; mais, esclave de la tradition, dominée aussi par des considérations d'équité, la grande majorité des auteurs et des tribunaux est longtemps restée fidèle au principe que Paul, dans la loi 3 au Digeste, Livre XII, titre 5, formule en ces termes « *Ubi autem et dantis et accipientis turpitudo versatur non posse repeti dicimus* », et dont l'adage, *Nemo auditur propriam turpitudinem allegans* demeure l'expression courante.

Il importe donc d'étudier cette théorie romaine : la connaissance des causes qui l'ont fait naître et de son mode de fonctionnement permettra de trancher une première difficulté, à savoir la détermination du degré d'autorité qu'il convient d'accorder au Droit romain en admettant que le Code civil n'ait pas expressément rompu avec la tradition. Il se peut en effet qu'il existe une incompatibilité naturelle entre la théorie moderne des Obligations et la théorie des *Condictiones* : c'est ce que nous allons rechercher.

I

DES CAUSES QUI ONT FAIT NAITRE
LA « CONDITIO OB TURPEM CAUSAM ».

La *Conditio ob turpem causam* fait partie d'un groupe d'actions personnelles réunies sous le nom de *Condictiones sine causa (lato sensu)*, qui comprend en outre la *Condictio indebiti*, la *Condictio causa data causa non secuta*, la *Condictio ob injustam causam (1)*, la *Condictio sine causa (stricto sensu)*. Ces actions ont leur source commune dans ce fait que le défendeur a réalisé

---

1. Le Code de Justinien sépare la *condictio ex injusta causa*, l. IV, t. IX, de la *condictio ob turpem causam*, l. IV, t. VII. Le Digeste ne fait pas ces distinctions : il consacre à ces *condictiones* un titre unique, l. XII, t. V.

un enrichissement sans cause au détriment du demandeur, enrichissement qui résulte soit du paiement de l'indû, soit de l'exécution unilatérale d'un contrat innommé, soit de l'exécution d'une obligation immorale ou illicite, soit enfin de tout autre cas de transfert de propriété (*datio*) opéré sans cause (1) : elles répondent à un besoin d'équité, elles sanctionnent la règle que *nul ne doit s'enrichir aux dépens d'autrui*. Par elles le Droit civil romain atténua les fâcheux effets qu'entraînait l'application des principes de l'ancien Droit : elles furent un remède.

§ A. — Dans le domaine des obligations le mal dont avaient à souffrir quelquefois les parties contractantes, c'était le caractère abstrait de certaines dettes. L'ancien Droit ne reconnaissait pas au simple pacte le pouvoir d'obliger ceux qui l'avaient

1. L'époque de l'apparition des *condictiones sine causa* et le sens de leur développement juridique font l'objet d'une grosse controverse. Pour l'étude de cette question, dont la solution ne peut influer sur celle que nous cherchons, nous renvoyons à M. Girard, *Manuel élémentaire de Droit romain*, pp. 594-598 et les notes, et N. R. Hist, 1895, pp. 418-425, et à M. Jobbé-Duval, *Etudes sur la procédure*, 1, 1896, pp. 63-108 et *Cours de Pandectes*, Paris, 1897-1898. Il suffit de noter ici que dans le dernier état du Droit romain la *Condictio sine causa* sanctionne l'enrichissement sans cause sous quelque forme qu'il se présente et tend à faire obtenir non plus seulement une somme d'argent, un corps certain ou des choses de genre, mais encore un fait, la constitution d'un droit de créance, l'engagement d'une caution, une libération, etc.

fait (1). Ces derniers, s'ils désiraient donner une valeur juridique à leur convention, procurer une action à celui d'entre eux qui occupait la place de créancier, devaient employer un procédé déterminé, traduire leur volonté par une formule dans laquelle, à côté d'une manisfestation invariable du consentement des parties (*spondesne ? spondeo, promittisne ? promitto*), se trouvait la mention toujours changeante de l'objet de l'obligation (*quinque, decem*). Cet élément formel était indispensable. Mais, dès l'instant qu'il existait, que le débiteur avait adhéré en termes congruents à la proposition du créancier, le contrat était valablement formé : la formule constituait à elle seule le contrat (2). Il n'y avait pas à se préoccuper du pacte antérieur auquel se rattachait l'opération juridique, à rechercher les motifs qui avaient poussé l'une des parties à s'obliger, ni même à s'assurer que l'obligation trouvait sa base dans un contre-équivalent, reposait sur une cause réelle et licite. Les seuls éléments versés dans la formule étaient constitutifs du contrat, d'abord la volonté

1. Ulpien, D. II, 15, *De pactis*, 7, 4. — Paul, *Sent.*, 2, 14, 1.

2. Sur la question de savoir s'il convient d'expliquer ce caractère abstrait de la dette par la solennité des formes employées, voir : en ce sens, M. Girard, *Manuel*, p. 440, 1. — En sens contraire, M. Saleilles, *Essai d'une théorie générale de l'obligation d'après le projet du Code civil allemand*, n° 262, page 278.

de s'obliger et ensuite l'objet de l'obligation.

Cet état de choses présente sans doute des avantages, puisqu'on y revient de nos jours (1). Mais il avait un inconvénient qui ne tarda pas à se faire sentir ; Gaïus le signale dans le paragraphe 116ᵃ du livre 4 de ses commentaires : « *Veluti si stipulatus sim a te pecuniam tanquam credendi causa numeraturus, nec numeraverim, nam eam pecuniam a te peti posse certum est, dare enim te oportet, cum ex stipulatu teneris.* ». Le contrat formel en effet validait une obligation nulle naturellement, soit que le contre-équivalent — la *cause* — fit défaut, soit qu'il fût illicite ou immoral. Alors le caractère abstrait de la dette devenait un mal.

A l'abri d'un pareil reproche étaient les contrats du Droit nouveau, réels ou consensuels, tous, sauf le *mutuum*, postérieurs à l'introduction de la procédure formulaire. On les nomme *concrets* précisément parce qu'ils renfermaient l'ensemble de la convention intervenue entre les parties. Ils impliquaient non plus seulement l'existence de l'obligation, mais encore celle d'un contre-équivalent qui la légitimait. La *cause* de l'obligation du débiteur, qui dans les contrats réels est la *res* indispensable pour la formation même du contrat, et dans les

1. Voir : M. Saleilles, même ouvrage, pp. 275-287.

contrats synallagmatiques l'objet de l'obligation du créancier sans lequel ni cette obligation ni par suite le contrat ne peuvent prendre naissance, comptait comme élément essentiel du contrat. Aux cas d'obligation sans cause ou sur fausse cause ou sur cause illicite, le contrat n'était donc pas valable. Mais le Droit nouveau n'avait accordé le pouvoir d'obliger civilement qu'à un nombre très restreint de pactes. En outre tous, sauf le *mutuum*, étaient placés sous le régime de la bonne foi : ils recevaient du juge, une interprétation libre dictée moins par l'expression de volonté des parties que par leur intention présumée. Or ce mode d'interprétation pouvait ne pas plaire aux contractants. C'est pourquoi les contrats formels, institutions de l'ancien Droit, demeurèrent en usage sous l'empire du Droit classique qui ne changea rien à leur formation.

Cependant sous l'influence des idées nouvelles on se préoccupa d'apporter aux effets des contrats abstraits les modifications que réclamait l'équité ; on fit pénétrer dans leur organisme cette notion de *cause* qui avait, pour ainsi dire, créé les contrats concrets. Deux moyens furent employés à l'effet d'annuler l'obligation sans cause ou sur cause illicite. De bonne heure le débiteur d'une semblable obligation reçut du préteur l'autorisation de repousser l'action du créancier par l'exception de dol. Gaïus, à la suite du fragment cité plus haut, ajoute : « *sed quia iniquum est te eo nomine condemnari, placet per exceptionem doli mali te defendi debere* » (1). Il tint en outre du Droit civil une *condictio sine causa* (*liberationis*) par laquelle il pouvait, sans attendre que le créancier l'actionnât, obtenir sa libération (2).

§ B. — Dans le domaine du transfert de la propriété, le mal réside encore dans le caractère abstrait du procédé courant, la tradition.

« La tradition, dit M. Saleilles, est une convention de transfert jointe à la remise de la possession et valable par cela seul que les parties sont d'accord sur le but immédiat qu'elles veulent atteindre, sans qu'il y ait à se préoccuper de savoir si elles le sont sur l'acte juridique en vertu duquel elles procèdent au transfert » (3). Il peut sembler étrange que l'auteur de cette excellente définition n'y ait pas fait prédominer l'élément matériel, la livraison, puisque, après tout, c'est par cette dernière que s'opérait le transfert de pro-

1. Comp. *Institutes* de Justinien, IV, 13, *de exceptionibus*, 2, et Digeste, XII, 5, *de cond. ob turp. vel injust. causam*, 8.

2. Julien, D. XII, 7, *de cond. sine causa*, 3 : « *Qui sine causa obligantur, incerti condictione consequi possunt ut liberentur* ». A l'époque classique la *condictio incerti* n'existait vraisemblablement pas encore ; la même formule servait à réclamer la libération ou la restitution.

3. Voir M. Saleilles, même ouvrage, n° 262, p. 278.

priété. Il est pourtant plus exact de considérer la tradition comme un contrat. Pour que la livraison produisît son effet translatif, le droit romain exigeait qu'elle reposât sur une *Justa causa*, qu'elle se présentât comme la conséquence du concours, de deux volontés, volonté chez le *tradens* de transférer la propriété, volonté chez l'*accipiens* de l'acquérir. Cet élément conventionnel faisait-il défaut ? Le fait matériel se réduisait à une simple remise de possession. Intervenait-il au contraire ? La remise de possession opérait alors le transfert de la propriété. Sans la *Justa causa*, il ne pouvait y avoir tradition : la tradition était donc une véritable convention…. mais une convention abstraite, valable indépendamment de sa cause. C'est-à-dire que, comme dans les contrats formels, on ne se préoccupait pas des raisons de droit qui avaient poussé les parties à vouloir. Elles voulaient, l'une le transfert, l'autre l'acquisition de la propriété ? Cela suffisait : la transmission était valable (1).

---

1. On trouve une exception à ce principe au cas de donation entre époux : *Sciendum autem est ita interdictam inter virum et uxorum donationem, ut ipso jure nihil valeat quod actum est…* Si la donation a été réalisée au moyen d'une *datio*, cette dernière est nulle et le donateur peut revendiquer la chose tant que cette chose subsiste : *proinde si corpus si quod donatur, nec traditio quicquam valet.* — Même nullité si la donation a été réalisée au moyen d'une stipulation ou d'une acceptilation : *et si stipulanti promissum sit vel accepto latum, nihil volet : ipso*

Or on n'aliène pas pour le plaisir d'aliéner. Le *tradens*, qui obtient ce résultat juridique immédiat, en poursuit un autre, dans lequel le premier trouve sa légitimation : il aliène en vue d'atteindre un but quelconque, par exemple pour exécuter une obligation dont il est tenu, un legs mis à sa charge, ou bien encore pour décider l'*accipiens* à accomplir quelque action. L'obligation, le legs, le fait de l'*accipiens* sont là cause de la convention de transfert ; s'ils sont nuls, l'aliénation n'a pas de raison d'être. Pourtant, même alors, la tradition demeurait valable. Contrat abstrait, elle présentait le même inconvénient que les contrats formels. Aussi le même remède fut-il employé lorsque l'application rigoureuse des principes devait entraîner des conséquences iniques, lorsque la cause de la tradition était nulle : le *tradens* put agir en restitution de la chose livrée au moyen de la *Condictio sine causa*. Et si le transfert de propriété avait été consenti en vue d'atteindre un but immoral (*causa futura inhonesta*), c'était la *Condictio ob turpem causam* dont il se servait.

enim jure quœ inter virum et uxorem donationis causa geruntur, nullius momenti sunt, D. XXIV, 1, 3, § 10.

II

NATURE ET MODE DE FONCTIONNEMENT DE LA « CONDICTIO OB TURPEM CAUSAM »

Primitivement la *Condictio sine causa (lato sensu)* était une action au moyen de laquelle le demandeur réclamait au défendeur la restitution d'une prestation qui consistait dans le transfert de propriété d'une *certa pecunia* ou d'une *certa res*. Par la suite, les jurisconsultes romains s'aperçurent que l'enrichissement sans cause pouvait résulter de tout fait juridique autre qu'une *datio* et que l'équité demeurait alors violée par l'application des principes anciens, aussi cherchèrent-ils à étendre le champ d'action de la *condictio*. Vraisemblablement ils ne créèrent pas aussitôt une formule nouvelle : ils commencèrent par utiliser la règle sabinienne « *Omnia Judicia absolutoria sunt* » (1) pour faire obtenir au demandeur une créance principale, une caution, sa libéralion (2), et par étendre le domaine normal d'ap-

---

1. Gaius. IV. 114. Toute instance, quelle qu'elle soit, peut aboutir à une absolution du défendeur si ce dernier donne avant la sentence à son adversaire une satisfaction jugée suffisante.

2. *Condictio obligationis* . Dig. XXXIX. 6, 18, § 1 ; XII, 4, 4 et 10. — *Condictio cautionis* : Dig. XII, 6, 39 ; X, 4, 9, § 4 ; VII,

plication de la *condictio certae rei* ou *triticaria* pour l'indemniser d'avoir, par exemple, rendu des services d'artisan, constitué sur son fonds une servitude, etc. (1). Une formule spéciale (*Condictio incerti*) n'apparut qu'au II° siècle de notre ère. Comme durant cette lente évolution, les règles propres à la *Condictio ob turpem causam* n'ont pas varié, nous envisagerons seulemen tcette action sous sa forme primitive.

Une *datio* a-t-elle été faite en vue d'atteindre un but immoral à l'égard de l'*accipiens*, pour le détourner d'un délit qu'il allait commettre, pour exécuter une obligation dont ses menaces ont été la cause ? En principe la tradition est inattaquable : le *tradens* a définitivement perdu et l'*accipiens* a valablement acquis la propriété ; aucune action en nullité, aucune revendication ne sont possibles. Mais, parce que ce résultat blesse manifestement l'équité, on permet à celui qui en souffre de s'indemniser du préjudice subi en faisant prononcer à son profit, contre l'*accipiens* et au moyen d'une action personnelle, une condamnation pécuniaire équivalente. La *Condictio ob turpem cau-*

9, 7 pr. ; XXV, 3, 3, § 10. — *Condictio liberationis* : Dig. XXXIX, 5, 2, §§ 3 et 4 ; XII, 7, 3 ; XXIII, 3, 46 ; XII, 6. 31 ; XII, 7, 1.

1. *Condictio operarum* : Dig. XII, 6, 26. § 12. — *Condictio servitutis* : XII, 6, 65, § 7 et 12.

sam se présente donc comme une abrogation timide et détournée du Droit ancien, comme une faveur exceptionnelle accordée à un individu digne de protection. Ce caractère explique son mode de fonctionnement.

D'abord, si le but est immoral aussi bien pour le *tradens* que pour l'*accipiens*, il n'y a plus de raison de condamner celui-ci au profit de celui-là, d'anéantir même indirectement les effets produits par un acte juridique valable : on ne déroge pas au droit ancien en faveur de celui qui a consenti un acte honteux. La *condictio* est refusée en ce cas (1). Elle n'est accordée à l'aliénateur que lorsque le but est immoral pour l'acquéreur seul (2). Mais, sur la question de savoir si tel acte — notamment la corruption du juge par un plaideur qui a le bon droit pour lui — est immoral ou non pour le demandeur, les jurisconsultes ne s'entendaient pas toujours. Certains textes révèlent une tendance à établir des degrés dans la turpitude et à accorder la *condictio* au demandeur dont la faute était excusable, une tendance encore à voir un cas d'absence de cause plutôt que de cause illicite lorsque le doute était possible (3). Les analyses

1. Digeste, XII, 5, 4 princ. et §§ 1 et 3, et 8.— Code, XII, 49, 1.
2. Digeste, XII, 5, 2 princ. et § 1, 4 § 2, 7, 9 § 1.
3. Digeste, XII, 5, 2 § 2 (comparer Code, VII. 49, 1) ; XII, 7, 5. — Code, IV, 7, 3.

subtiles, auxquelles se livrèrent certains jurisconsultes pour écarter dans ces hypothèses l'application des règles de la *Condictio ob turpem causam*, ne sont-elles pas un symptôme? On peut supposer que les juristes romains, dont le sens moral était le plus aiguisé, n'estimaient pas satisfaisant, absolument juste, le sort des parties au cas de turpitude commune. En définitive la convention immorale exécutée demeurait inattaquable : Ce n'était pas là ce qu'on devait souhaiter (1).

Ensuite la *condictio* est une action subsidiaire. Le *tradens* n'a le droit de s'en servir que s'il n'a pas d'autre moyen d'éviter un appauvrissement injuste.. C'est pourquoi, lorsque la *datio* a été consentie en vue d'obtenir de l'*accipiens* — qui la refuse — l'exécution d'une obligation valable et que cette obligation est née d'un contrat de bonne foi, le créancier demandeur (*tradens* en l'espèce) ayant à sa disposition l'action née du contrat ne pourra employer la *condictio* pour se faire rendre ce qu'il a donné (2).

1. Nous apprécierons plus loin et en même temps les différentes sanctions données aux obligations immorales ou illicites. Signalons dès maintenant deux textes romains (Dig. XXIV, 1, 32 § 28 et Code, V, 5, 4) qui, dans une matière spéciale, prescrivent une sanction bien préférable, à notre avis, à celle communément admise.

2. Digeste, XII, 5, 9 § 1. Exceptionnellement on emploie dans ce cas la *condictio* en matière de dépôt et de commodat. Dig, h, t, 2 § 1 et 9 *princ.*

Enfin la *condictio* peut être intentée même si le but, visé par le *tradens* et honteux pour l'*accipiens* seul, a été atteint (1). Celui qui a reçu quelque chose pour faire ce qu'il était tenu civilement de faire ou pour ne pas faire ce que la loi, les bonnes mœurs, l'ordre public lui défendaient, ne doit pas conserver le prix du devoir accompli.

Cela étant, on peut définir ainsi la *Condictio ob turpem causam* : Une action personnelle dont le but est d'anéantir en fait les effets juridiques d'un acte valable en droit et dans laquelle le demandeur, fort tant de sa bonne foi que de la turpitude du défendeur, invoque l'équité comme titre de créance.

On voit de suite quel abîme sépare cette action du Droit romain de celle qu'intente aujourd'hui le débiteur de bonne foi, qui a exécuté une obligation immorale ou illicite à l'égard du créancier, pour rentrer en possession de la chose donnée en paiement : là une tradition valable, ici un transfert de propriété nul ; là une dérogation aux principes dictée par l'équité et qui n'a d'effets qu'entre les parties, ici un principe écrit dans la loi, un vice originel, une nullité absolue qui réagit contre les tiers ; là une action personnelle, ici une action réelle : là une faveur, ici un droit. Et comme le

1. Digeste, XII, 5, 1 § 2 et 9 *princ.*

principe de nullité absolue admis par les rédacteurs du Code civil ne s'applique pas moins au cas de turpitude commune qu'au cas opposé — c'est incontestable —, nous concluons que, à supposer le Code civil muet sur la question, la solution romaine ne peut, en aucune façon, inspirer celle que nous cherchons.

CHAPITRE III

Ancien Droit français et Travaux préparatoires du Code civil.

I

ANCIEN DROIT FRANÇAIS

L'ancien Droit français n'admettait pas la promesse abstraite. Lorsque les parties contractantes détachaient, sous forme d'un billet, une promesse du pacte dont elle faisait partie, lorsqu'un débiteur prenait par écrit l'engagement de payer sans dire pourquoi il payait, sans indiquer la source de sa dette, une telle promesse n'était valable que si le pacte lui-même l'était. Ainsi se prolongeait la théorie des *condictiones*. En permettant d'attaquer au nom de l'équité les promesses abstraites faites *sine causa* ou *ob turpem vel injustam causam*, elle n'avait maintenu en fait comme valables que celles qui reposaient sur un fondement sérieux. De là à proscrire la promesse abstraite, à exiger pour toute dette présentée isolément une justification, une raison d'être, une cause, il n'y avait qu'un pas : l'ancien Droit français l'a franchi (1).

Il est malheureusement allé trop loin. Au lieu de réserver cette notion de cause aux promesses, cédules ou obligations, précisément détachées de leur cause immédiate qui est le contrat, de même que le Droit romain la réservait aux seuls actes abstraits, contrats formels, tradition, aux opérations juridiques qui ne l'impliquaient pas par le fait même de leur formation, il l'a introduite dans le domaine des contrats réels ou consensuels où elle n'avait que faire, ayant pour ainsi dire tout fait. Les contrats concrets sont nés de l'idée de causalité. Le débiteur pour cause de prêt d'argent ne doit restituer les deniers que s'il les a reçus : or, à défaut de cette prestation, le contrat ne se forme pas ; dans tout contrat synallagmatique l'obligation de chaque partie n'est valable que si l'obligation de l'autre l'est aussi : or, si cette dernière est nulle, faute de consentement ou d'objet, le contrat ne se forme pas et la première ne prend

1. Grand Coutumier de Normandie. Ch. XCI, « *de pactis* » (Edition de Gruchy, p. 206.) « *Ex promisso autem nemo debitor constituitur nisi causa praecesserit legitima promittendi. Nullus pro rei inhonestae actu aliquid persolvere tenetur, nec actor ejus favendus est sed potius puniendus. Nec etiam promissio aliquem facit debitorem nisi causa promittendi fuerit demonstrata* ». — Voir également, pour l'historique des billets, de Ferrière, *Dictionnaire de droit et de pratique*, tome II, V[is] « Obligation ou promesse causée » et « Promesse doit contenir la cause de la dette ».

pas naissance. La cause, c'est alors tout ce que les
parties ont mis dans le contrat, c'est le contenu
même du contrat ; il était donc illogique d'en faire
un élément particulier, tel que le consentement
ou l'objet. Pothier aurait pu écrire « tout engagement doit avoir une cause honnête » s'il avait
voulu dire que l'on n'admettait plus de son temps
la promesse abstraite, que la promesse formellement isolée demeurait, quant à la validité, attachée à sa cause immédiate. Mais il ne devait rai-
sonnablement pas écrire : « Dans les contrats
intéressés, la cause de l'engagement que contracte
l'une des parties est ce que l'autre partie lui donne
ou s'engage de lui donner ou le risque dont elle
se charge. Dans les contrats de bienfaisance, la
libéralité que l'une des parties veut exercer envers
l'autre est une cause suffisante de l'engagement
qu'elle contracte envers elle » (1).

1. Pothier, *Traité des obligations*, n° 42. — Même illogisme
chez Domat, *Lois civiles dans leur ordre naturel*, liv. 1er, tit. 1er,
sect. 1re, n° 5, « Aucune convention n'oblige sans cause » :
« Dans ces trois premières sortes de conventions [les contrats
synallagmatiques] il se fait un commerce ou rien n'est gratuit
et l'engagement de l'un est le fondement de celui de l'autre.
Et, dans les conventions même où un seul paraît obligé,
comme dans le prêt d'argent, l'obligation de celui qui emprunte
a été précédée, de la part de l'autre, de ce qu'il devait donner
pour former la convention. Ainsi l'obligation qui se forme dans
ces sortes de conventions au profit de l'un des contractants a
toujours sa cause de la part de l'autre... »

A cet élément nouveau, la cause, l'ancien Droit français appliquait les règles de la *condictio ob turpem causam* : Pothier, de Ferrière et Domat reproduisent la distinction faite par les jurisconsultes romains entre le cas de turpitude commune et celui de turpitude du créancier seul ; ils adoptent les sanctions différentes appliquées à ces deux hypothèses ; enfin les textes du Digeste sont pour eux la Loi, ils ont la valeur d'arguments (1). C'était une nouvelle faute de logique. La *condictio de turpem causam* s'appliquait en Droit romain à des situations juridiques que l'ancien Droit français a répudiées. Il ne connaît plus ni la promesse abstraite, ni le transfert abstrait de propriété. Il ne saurait donc y avoir d'obligation immorale puisque le contrat, qui la renfermerait, ne se formerait pas ; juridiquement, une telle convention n'existe pas et tout fait qui en découle est nul. Pothier le dit expressément au numéro 43 de son traité des obligations : « Lorsque la cause pour laquelle l'engagement a été contracté est une cause qui blesse la justice, la bonne foi ou les bonnes mœurs, cet engagement est nul, ainsi que

____

1. Pothier, *ibid.*, nº 43. — de Ferrière, *ibid.*, vº « Répétition de ce qui a été donné pour cause déshonnête ou injuste ». — Domat, *ibid.*, liv. I, tit. XVIII, sect. 4, nº 5, « Quand on peut répéter ou non ce qui est injustement donné », et liv. II, titre VII, sect. 2, art. 4, « Faits illicites de la part de l'un et de l'autre ».

le contrat qui le renferme... » (1). Dès lors il convenait d'autoriser en tous cas la répétition de ce qui avait été donné pour cause déshonnête ou injuste, un acte nul ne pouvant en principe jamais produire d'effets : l'action en revendication ne devait rencontrer aucun obstacle. Pothier lui-même en convient : « Et de même, dit-il au numéro 45, si un paiement volontaire a été fait... il n'y a pas de répétition possible, quoique j'ai payé en ce cas une chose que je ne devais pas. Il est bien vrai que la loi naturelle et le Droit civil accordent la répétition de ce qu'on a payé sans le devoir, lorsque le paiement a été fait par erreur... » Pourquoi cette solution, la seule qui fût logique, n'a-t-elle pas été admise par nos anciens auteurs? C'est, d'une part et surtout, parce que le Droit romain en offrait une autre et qu'alors le Droit romain faisait loi. C'est, d'autre part, parce que l'ancien Droit exigeait pour la possibilité de la répétition que les conditions d'existence de la *condictio indebiti*, comme celles de la *condictio ob turpem causam*, fussent remplies. L'obligation était nulle; celui qui l'exécutait payait l'indû : il devait avoir

---

1. Domat, (*ibid.*, liv. I, tit. I, sect. 5, nº 13, « Les obligations sans cause sont nulles ») dit implicitement la même chose : « Dans les conventions où quelqu'un se trouve obligé sans aucune cause, l'obligation est nulle, et il en est de même si la cause vient à cesser ».

payé par erreur. Or le débiteur, qui exécute une
obligation immorale à son égard, l'exécute en
connaissance de cause ; on devait donc lui refuser
la répétition. Pothier, à la suite du dernier fragment cité, ajoute : « Mais on ne peut faire une
pareille supposition dans l'espèce dont il s'agit.
Celui qui paie, paie avec une parfaite connaissance
de la cause pour laquelle il paie ; il ne peut, par
conséquent, retenir aucun droit pour répéter la
chose dont il s'est exproprié volontairement et
avec une parfaite connaissance de cause ».
Toujours l'influence du Droit romain ! Que penser
de cette application, à la même hypothèse, de
règles faites pour des hypothèses différentes ? La
théorie de la *condictio indebiti* n'est-elle pas aussi
incompatible avec le principe de la nullité des
obligations immorales ou illicites que la théorie
de la *condictio ob turpem causam ?* Pothier ne
donne-t-il pas une fausse interprétation de l'erreur
du débiteur ? Autant de questions auxquelles nous
répondrons lorsque nous nous occuperons de la
théorie du Code civil en cette matière.

II

TRAVAUX PRÉPARATOIRES DU CODE CIVIL

La règle romaine *Nemo auditur...* avait donc
force de loi lorsque le Conseil d'Etat, le Tribunat

et le Corps Législatif furent appelés par le gouvernement et concurremment avec lui à confection-
ner le Code civil. Le projet de la commission du
gouvernement, les observations des tribunaux
auxquels il fut communiqué, les débats des
Assemblées qui eurent à le transformer en loi
forment un tout connu sous le nom de Travaux
préparatoires du Code civil. C'est de ces travaux
que M. Dubois, dans une note déjà citée, dit :
« L'insignifiance même des discussions et des
rapports relatifs aux articles 1131 et 1133, C. civ.,
démontre que les rédacteurs du Code ne voulaient
pas innover ».

Il est vrai que la question qui nous occupe ne
fut pas alors discutée : c'est même ce qui explique
qu'elle se soit posée par la suite. Il est encore
vrai que les articles 1131 et 1133 n'ont pas retenu
longtemps et d'une manière spéciale l'attention du
législateur. Mais nous ne tenons pas les travaux
préparatoires relatifs à ces articles pour insi-
gnifiants, et nous doutons qu'on en puisse tirer
si aisément la conclusion qu'adoptait M. Dubois.

D'abord il n'est pas inutile de constater que la
nullité des obligations sans cause, sur fausse cause
ou sur cause illicite fut proposée et admise sans
difficulté à titre de principe général par les rédacteurs du Code : la promesse abstraite se trouvait
ainsi condamnée, rejetée par ceux qui faisaient la

loi nouvelle (1). Mais ce qui nous frappe surtout, c'est la façon dont est présentée la nullité de l'obligation immorale ou illicite. Elle fait partie d'un système général de nullités, sur lequel nous possédons un document qui n'est pas sans valeur : nous voulons parler du rapport du tribun Favart. « Les obligations illicites — y est-il dit – sont dans la même classe que celles contractées sans cause : car une cause illicite est aux yeux de la loi comme si elle n'existait pas, ou comme une cause impossible dans son éxécution. Ainsi il faut bien se pénétrer du principe adopté par le projet : il divise les engagements de manière à éviter toute difficulté dans l'application ; il n'en distingue que deux sortes, savoir : les engagements auxquels la loi refuse toute existence qui puisse produire un effet, et ceux qui sont seulement susceptibles d'être rescindés. On doit ranger parmi les premiers ceux qui ont été contractés sans cause ou pour fausse cause ou pour une cause illicite, et on peut dire qu'il n'y en a pas d'autre de cette nature...... On verra par la suite que le projet n'autorise pas la con-

1. Projets Cambacères ; l. III, t. I, 148 al. 2, et l. III, t. I, 714 al. 2 ; Fenet, 1. 124 et 278 - « Sont nulles... » — Projet de la Commission du Gouvernement ; l. III, t. II. chap I, sect. IV, art. 3o ; Fenet, 2, 163 : « La cause illicite annule la convention ». — Discussion au Conseil d'Etat ; Fenet, 13, pp. 52 et 53. — Exposé des motifs devant le corps législatif ; Fenet, 13, 228.

firmation ou ratification des actes de la première
espèce »... (1). Ainsi, d'une part, l'obligation illicite
est systématiquement assimilée à l'obligation sans
cause : l'une et l'autre sont inexistantes et ne peuvent produire aucun effet. D'autre part, il n'est fait
aucune allusion à la distinction romaine adoptée
par l'ancien Droit français. Trouvons-nous là des
raisons de penser que les rédacteurs du Code ne
voulaient pas innover ?

Sans doute, lorsqu'il élabora sa théorie des Obligations, le législateur prit Pothier pour guide ; et
Pothier, qui admettait la nullité absolue de l'obligation illicite, refusait pourtant la répétition au
cas de turpitude commune. Aussi beaucoup d'auteurs se sont-il autorisés de cette circonstance pour
donner au silence du législateur la valeur d'une
confirmation tacite. Mais leur déduction se trouve
infirmée par la nature même de la tâche qui
incombait aux rédacteurs du Code. Il ne s'agis-
sait pas pour ces derniers de commenter le Droit
existant, un Droit coutumier, un Droit sans unité
et sans cohésion ; il avaient à faire le Droit nouveau, un Droit écrit dont toute la force résiderait
en des mots, un Droit général dont toutes les
parties se tiendraient, dont tous les éléments
seraient non plus seulement rapprochés mais

1. Fenet, 13, pp. 318 et 319.

fondus ensemble. Ils devaient donc apporter dans le choix des expressions la plus grande précision et dans le groupement des principes la logique la plus sûre. Or le projet du Gouvernement portait que « la cause illicite annule la convention », il classait cette nullité avec celle des obligations sans cause : et nulle part il n'est dit qu'au cas de turpitude commune la nullité ne produira pas son plein effet. En outre le tribun Favart fait observer que la loi refuse aux obligations illicites toute existence qui puisse produire un effet : et l'idée ne lui vient pas d'ajouter que la règle *Nemo auditur*..... apporte une exception à ce principe. Bien plus ! La loi nouvelle allait abroger le Droit ancien « dans toutes les matières qui sont l'objet desdites lois composant le présent Code » (1) : et le législateur, qui s'inspirait de Pothier, n'a pas jugé bon de reproduire la distinction que cet auteur et d'ailleurs tous ceux de l'ancien Droit avaient pris soin de faire. Encore une fois cet état de choses prouve-t-il que les rédacteurs du Code ne voulaient pas innover ?

Lorsque la lettre de la loi n'est pas claire, on en recherche l'esprit dans les travaux préparatoires ; si nous avions à faire cette recherche pour les articles relatifs aux obligations illicites, nous

---

1. Loi du 30 ventôse de l'an XII, art. 7.

n'adopterions certainement par la conclusion de M. Dubois, mais bien plutôt la conclusion contraire. Mais — nous allons le démontrer — les textes du Code civil traduisent clairement l'intention du législateur.

CHAPITRE IV

Code civil français.

[DOCTRINE]

Les articles du Code civil sur lesquels a porté la controverse, sont les art. 1131, 1235, et 1376. Le premier traite directement de la nullité de l'obligation illicite ; c'est lui qui fournit à la doctrine actuelle son principal argument. Les autres, qui traitent du paiement de l'indû, passent aujourd'hui pour viser une des conséquences de cette nullité.

Durant la lutte, ces articles servirent d'armes à ceux des auteurs qui, jugeant la règle *Nemo auditur...* abrogée et sans valeur, donnaient comme sanction aux obligations illicites une *restitutio in integrum*. Ceux au contraire qui défendaient le système traditionnel et, en vertu de la maxime romaine, sanctionnaient les obligations illicites par une sorte d'interdit *Uti possidetis*, niaient que l'on pût appliquer à notre hypothèse les articles 1235 et 1376, et prétendaient concilier ladite maxime avec l'art. 1131.

Cette dernière opinion, quoique déjà finement combattue, prévalut jusque vers l'année 1880 : en 1874, M. Dubois, tout en signalant « la tendance qui se manifeste chez des interprètes récents d'une grande autorité vers une solution opposée » la donne pour l'opinion dominante (1).

Aujourd'hui les auteurs abandonnent généralement le système traditionnel. Pour cette raison et aussi parce qu'elle prend ses arguments dans les textes de la loi, nous commencerons l'étude dogmatique de la question par l'exposé de la doctrine actuelle.

I

EXPOSÉ DU SYSTÈME ACTUEL DE LA DOCTRINE

[Rest. in. integr.]

Celui qui a exécuté une obligation illicite peut, quelle que soit sa propre turpitude, répéter la chose payée : telle est la solution qu'enseignent les auteurs les plus récents. Comme ceux de leurs prédécesseurs qui l'ont défendue, ils la fondent sur des arguments de texte et sur des arguments d'intérêt social (2).

1. S. 74, 1, 241, note.
2. Duvergier, *Vente*, t. I, n. 207, pp. 246-250. — Même

§ A. *Arguments de texte.* — Le Code civil n'admet
ni la promesse abstraite, ni la tradition abstraite.
Il a fait de l'existence d'une cause réelle et licite
dans l'obligation une des conditions essentielles
pour la validité d'une convention (articles 1108 et
1131), et rattaché quant à la validité le transfert de
propriété au contrat ou à l'acte juridique antérieur
qui le provoque (art. 1138). Au cas de cause illicite la convention dans son ensemble — l'art 1131
paraît dire le contraire, mais ses termes sont rec-
tifiés par ceux des articles 1108 et 1132 — est
nulle. L'art. 1131 emploie même une expression
plus énergique « l'obligation... sur cause illicite
ne peut produire aucun effet », qui, rapprochée
des termes du rapport du tribun Favart, indique
que dans la pensée du législateur l'obligation est
absolument nulle, la convention inexistante. Il
faut, en effet, selon nous, maintenir la distinction

auteur, *Revue étrangère et française*, 1840, pp. 568-584. — Marcadé, *Code civil*, t. IV, n. 458, pp. 402 et 403, sur art. 1133.
— Demante et Colmet de Santerre, *Cours analytique de Code
civil*, t. V, n. 49 *bis* IV, p. 64. — Demolombe, *Traité des contrats et Obligations*, t. I, n. 381, p. 366 et t. VIII, n⁰ˢ 431-442,
pp. 363-584. — Laurent, *Principes de Droit civil*, t. XVI, n⁰ˢ 162-
164, pp. 218 et suivantes. — Baudry-Lacantinerie et Barde,
Obligations, t. I, n. 316, p. 298, note 3. — Vigié, *Cours élémentaire de Droit civil français*, t. II, n⁰ˢ 1092, 1696 et 1699. —
Huc, *Commentaire théorique et pratique du Code civil*, t. VIII,
n. 392, p. 521. — Thiry, *Cours de Droit civil*, t. II, n⁰ˢ 612, et
suivants. — Arntz, *Cours de Droit civil français*, t. III, n. 39.

entre les actes inexistants et les actes nuls, distinction que le Code établit dans plusieurs de ses articles (146, 932, 1131, 1339), et qui se lit clairement dans le rapport du tribun Favart (*loc. cit.*) confirmé sur ce point par Jaubert dans son rapport sur le titre des obligations. N'est-il pas rationnel de classer séparément d'une part les actes auxquels manque un de ces éléments que la loi considère comme indispensables, dont l'organisme est incomplet et par suite inapte à fonctionner, et d'autre part les actes qui remplissent les conditions essentielles prescrites par la loi pour leur formation, qui sont susceptibles de produire des effets, mais qu'un vice de constitution peut faire tomber ? La comparaison classique avec l'enfant mort-né et l'enfant mal constitué, les qualifications différentes appliquées d'habitude à ces deux catégories d'actes — aux premiers, le « néant », aux seconds, « l'imperfection » ou le « vice » —, en un mot cette opposition s'impose à l'esprit. Nous estimons donc qu'en dehors et à côté des actes juridiques nuls ou rescindables la loi place les actes inexistants, parce que, comme le dit excellemment M. Demolombe (t. III, n° 240) « toute convention, tout acte a ses conditions d'être, ses conditions essentielles et organiques, en dehors desquelles il n'existe pas ».

Il résulte donc des articles 1108, 1131 et 1138

que le soi-disant créancier n'a acquis par le fait
du prétendu contrat aucun droit entre le soi-disant
débiteur, que ce dernier ne peut être judiciaire-
ment contraint d'exécuter sa prétendue obligation,
enfin que tout paiement fait en exécution de cette
obligation peut être répété : c'est le néant.

Ce système diffère totalement de celui de
la stipulation romaine. L'obligation illicite est
nulle : aussi n'est-ce pas par une exception, mais
par une défense au fond que le débiteur repousse
la demande du créancier. La validité de l'aliénation
qui constitue le paiement de l'obligation illicite
dépend de sa cause, le contrat ; elle participe à
toutes les chances de nullité de ce contrat : aussi
n'est-ce plus par une *condictio* — véritable action
en indemnité —, mais par une action en nullité
que le débiteur anéantit les effets d'un contrat
inexistant (1). Et l'obligation n'est pas moins absolument nulle, impropre à produire un effet quelconque lorsque le débiteur a trempé dans la turpitude que lorsqu'il n'a rien à se reprocher : aussi
même en ce cas, la répétition de la chose payée
doit-elle être autorisée.

---

1. Cette nullité réagit contre les tiers. L'exigence d'une
cause réelle et licite pour la validité de l'obligation et la subor-
dination de la validité d'une aliénaton à celle de l'acte juridique qui la motive, entraînent, dans le domaine du transfert de
la propriété, une instabilité déplorable.

Le principe de la nullité absolue de l'obligation illicite n'est pas formulé seulement dans l'article 1131 ; il l'est aussi, implicitement sans doute, mais avec autant d'énergie dans l'article 6, C. civ. « On ne peut déroger, par des conventions particulières aux lois qui intéressent l'ordre publique et les bonnes mœurs », cela veut bien dire que les conventions illicites sont juridiquement inexistantes, qu'elles ne peuvent produire d'effets juridiques.

Quant à celle des conséquences de ce principe qui nous intéresse, la répétition, elle est écrite tout au long dans les articles 1235, 1376 et 1378, C. civ : ce qui a été payé en exécution d'une obligation illicite n'était pas dû ; il y a donc matière à répétition. Peu importe la turpitude du débiteur !

§ B. *Arguments d'intérêt social.* — Ces règles concordent parfaitement avec les considérations d'intérêt général auxquelles a dû obéir le législateur en édictant la nullité des conventions illicites. Elles constituent un danger pour la société. Afin d'en empêcher la conclusion pouvait-on mieux faire que de leur refuser toute valeur juridique ? Ainsi le créancier reste à la discrétion du débiteur qui peut, si bon lui semble, payer sa dette, mais aussi se refuser à le faire et même, s'il a déjà exécuté son obligation, répéter la chose payée. Ce défaut complet de sécurité pour celui qui a acquis un bien en violation de la loi, des bonnes mœurs ou de l'ordre public, était sans contredit, du moins à ne considérer que la valeur sociale de cette solution, la meilleure sanction à adopter.

Seule une institution d'intérêt général, la prescription, privera le débiteur de son droit à la répétition, lorsque trente années se seront écoulées depuis le fait du paiement.

II

EXPOSÉ ET CRITIQUE DU SYSTÈME OPPOSÉ
[Uti possidetis].

A cette solution logique et simple une autre fut longtemps préférée, qui, si l'on considère que ses partisans (1) admettent la nullité absolue de la convention illicite (2), paraît dès l'abord inadmis-

1. Merlin, *Questions de Droit*, v⁰ « Cause des Obligations », § 1, II. — Delvincourt, *Cours de Code civil*, t. II, p. 687. — Toullier, *Droit civil français*, t. VI, n. 126 et t. XI, n. 62. — Duranton, *Cours de Droit français*, t. X, n. 374. — Troplong, *De l'Echange et du Louage*, t. III, n. 818. — Taulier, *Théorie du Code civil*, t. IV, p. 288. — Massé et Vergé, *Sur Zacchariæ*, t. IV, § 623, p. 8, note 3. — Larombière, *des Obligations*, sur art. 1133, n⁰ˢ 10 et 11. — Pont, *Petits contrats*, t. I, n⁰ˢ 663 et 664, pp. 365-367. — Bozérian, *Revue pratique de Droit français*, 1858, t. V, p. 15. — Aubry et Rau, *Droit civil français*, t. IV, § 442 *bis*, p. 739, notes 8 à 16.

2. Merlin, *loco citato*. « Nous avons déjà dit qu'une cause illicite est, en fait d'obligations, considérée comme non exis-

sible. Ce qui caractérise la convention absolument
nulle, c'est d'abord le droit pour tout intéressé
d'en invoquer le vice radical, c'est ensuite l'impossibilité pour les parties de la confirmer ou
ratifier, c'est enfin le droit pour le débiteur de
répéter ce qu'il a payé en exécution de son obligation. Or, tandis que ces trois conséquences étaient
appliquées sans difficulté aux obligations sans
cause ou sur fausse cause, certains auteurs ont
soutenu que la dernière devait être écartée toutes
les fois qu'il s'agirait d'une obligation sur cause
illicite et que la turpitude serait commune aux
deux parties.

Comment pouvaient-ils justifier leur solution ?
Quelles raisons faisaient-ils valoir lorsqu'ils
niaient, en dépit de la logique et des textes du
Code, que la nullité absolue dût alors sortir son
plein effet ?

Dans l'historique de ce système deux périodes
sont à distinguer, auxquelles correspondent deux
aspects différents de l'argumentation. D'abord la
sanction qu'il convient de donner aux obligations
immorales ou illicites ne fait pas question. La
tradition l'emporte encore sur un Code trop jeune.
On commente la loi nouvelle, on la complète même

tante ». — Delvincourt, *loc. cit.* : « L'engagement est nul et il
n'en résulte point d'action ». — Toullier, *loc. cit.* : « Le contrat est donc encore absolument nul ».

à l'aide des traités de Pothier, sans se préoccuper de savoir si le législateur n'a pas innové. Aussi, pour accréditer la distinction entre le cas de turpitude commune et celui de turpitude du seul créancier, distinction que notre loi n'a pas reproduite, les premiers commentateurs du Code civil n'ont-ils pas besoin d'arguments véritables ; il leur suffit d'en appeler au Droit romain. Tout comme les auteurs de l'ancien Droit, Merlin cite des lois du Digeste, Duranton invoque Ulpien : les autres se contentent de traduire, souvent avec la plus brillante fantaisie (1) la maxime *Nemo auditur propriam turpitudinem allegans*. Mais vers 1840 et à cause des tâtonnements de la jurisprudence, la doctrine pose la question, la scission se produit et les partisans du système traditionnel sont obligés de défendre leur solution. Alors appa-

---

1. Delvincourt, *loc. cit.* : « Celui qui a promis, n'ayant pas moins blessé la loi que celui à qui la promesse a été faite, ne peut pas avoir davantage d'action ». — Toullier, *loc. cit.* : « Si l'on ne mérite pas de retenir le salaire de son crime, le lâche corrupteur mérite encore moins de recouvrer ce qu'il a donné ». — Troplong, *loc. cit.* : « Il y a d'infâmes commerces qui vivent dans la corruption des grandes villes. La prostitution et le proxénétisme trouvent là leur aliment immonde, et les lois, pour empêcher de plus grands maux, les tolèrent sans les approuver. Mais il est inutile de dire que la justice ne saurait donner sa sanction aux marchés qui interviennent avec les êtres voués à ces professions honteuses... il faut mettre les parties hors de cour ».

raissent les discussions sur l'autorité de la tradition, sur le sens et la portée des textes du Code et sur les exigences de l'intérêt social. Alors naît la controverse.

§ A. *Autorité de la tradition.* — Les partisans les plus récents du système de l'*uti possidetis* le font reposer sur l'autorité de la tradition.

Sans doute, pensent-ils, la règle de l'exclusion du *solvens turpis* n'est pas écrite dans le Code civil. Mais elle nous vient du Droit romain, dont le législateur s'est fortement inspiré pour édifier sa théorie des obligations ; et même dans ce Droit, fait observer M. Bozérian, elle ne résultait d'aucune disposition expresse de la loi (1). Dans l'ancien Droit français, qui avait en matière de cause les mêmes principes que le Code, cette règle fut reproduite par tous les auteurs et son application n'a jamais fait difficulté. Et qu'est donc la maxime *Nemo auditur...?* Une règle générale, dit M. Pont, en vertu de laquelle « un délit ne peut servir de base pour intenter une action en justice » ; mieux encore, un principe supérieur, disent MM. Aubry et Rau, « qui se rattache à la dignité de la magistrature et qui domine toute la matière des actions ». Il est impossible de la répudier pour

---

1. On a vu pourquoi il en était ainsi : *La condictio ob turpem causam* était une atténuation apportée par les jurisconsultes à la rigueur des principes du Droit ancien.

cette seule raison que le Code ne l'a pas reproduite.

La réponse est aisée : le Code civil a abrogé
tacitement la règle romaine.

Il l'a abrogée en n'admettant pas d'actes juridiques abstraits. Il ne faut pas oublier en effet que
les règles de la *condictio ob turpem causam* s'ex-
pliquent par le caractère de cette action : la répétition de la prestation fournie en exécution d'une
obligation illicite constituait en Droit romain une
dérogation aux principes anciens ; accordée à titre
de faveur, elle devait être refusée au débiteur
indigne ; enfin et surtout le maintien de l'état de
choses, au cas de turpitude commune, laissait aux
parties une situation bien nette et conforme aux
principes. Toute différente, on l'a déjà vu, est la
situation faite par le Code civil au débiteur d'une
obligation illicite, et l'on peut affirmer qu'autant
la solution romaine s'imposait dans le système des
actes juridiques abstraits et des *condictiones*,
autant s'impose la solution opposée dans notre
théorie des obligations : sous l'empire du Code
civil, le maintien du *statu quo* est contraire aux
principes. Il est vrai que les auteurs de l'ancien
Droit enseignaient à la fois et la nullité absolue de
l'obligation sur cause illicite et l'application de la
maxime romaine. Mais de ce qu'ils manquèrent
de logique, s'ensuit-il nécessairement que le légis-

lateur ait voulu en faire autant? Il est d'autant
plus permis d'en douter, et ici encore apparaît la
volonté d'innover, que, prenant Pothier pour
guide, les rédacteurs du Code ont passé sous
silence la règle traditionnelle à l'étude de laquelle
cet auteur consacrait de nombreux développe-
ments. Ils faisaient la loi nouvelle; ils savaient
qu'ils abrogeaient ainsi le Droit antérieur; ils ne
pouvaient pas ignorer qu'une règle, même générale, qu'un principe, même supérieur, dont la loi
ne porte pas trace, n'a aucune valeur juridique :
et l'on voudrait qu'ils aient considéré la turpitude (?), l'indignité (??), le délit (???) du débiteur
comme faisant obstacle à la répétition de l'indû!
Il faut enfin et surtout n'avoir point lu les articles
1131, 1235, 1376 et 1377, pour faire une pareille
supposition : là se trouve une abrogation que l'on
peut hésiter à qualifier de tacite, tant elle saute
aux yeux. Où est écrite l'exception à la règle
« l'obligation sur cause illicite ne peut avoir
aucun effet », à cette autre « ce qui a été payé
sans être dû est sujet à répétition » ? Les termes
généraux de ces articles crient l'abandon des distinctions du Droit romain : aussi est-ce avec un
ensemble parfait que les partisans de la doctrine
actuelle les objectent.

Quant à la dignité de la magistrature, elle ne
s'oppose en aucune façon à la répétition. C'est

l'anéantissement, voulu et prescrit par la loi, des effets d'un contrat illicite ou immoral que le débiteur sollicite des magistrats : or ces derniers ont pour mission d'appliquer la loi. Qu'ils puissent être incommodés d'entendre exposer des turpitudes, personne n'en disconviendra ; mais dans nombre d'actions civiles autres que celle dont nous nous occupons, mais dans nombre d'affaires criminelles ou correctionnelles ils ont à supporter pareil désagrément, et nul ne songe à interdire alors l'accès du prétoire soit aux parties soit au ministère public. Dans notre matière même, lorsque le débiteur de bonne foi fait valoir la nullité de l'obligation immorale, ne lui reconnaît-on pas tout naturellement le droit d'infliger aux magistrats ce froissement? Et si l'on objecte qu'au cas de turpitude commune le débiteur a sciemment participé au pacte blamâble sur lequel il appuie son droit, nous répondons que le débiteur, en ce cas comme dans le précédent, invoque non pas sa propre turpitude, qui a engendré le contrat, mais la loi (art. 1131) qui le détruit, et que la loi ne parlant pas plus de la dignité de la magistrature que de l'indignité du débiteur, ces considérations ne peuvent s'opposer à l'application d'un principe formulé plusieurs fois. « Impossible d'admettre, dit Demolombe, que dans une catégorie d'affaires et à une classe de plaideurs

on puisse dire : l'accès du prétoire est fermé, on
ne veut pas vous entendre. Et on ne peut leur dire
cela qu'après les avoir entendus ». M. Ed. Maynial,
dans sa note du Sirey déjà citée fait remarquer
que « c'est une singulière transposition historique
que celle qui considère aujourd'hui encore le
recours aux tribunaux comme une faveur », et
qu' « il y a quelque bizarrerie à prétendre que le
prétoire du juge n'entend de discours que d'hon-
nêtes gens ».

§ B. *Sens et portée des articles invoqués.* —
C'est avant tout au nom du Droit écrit, c'est en
prenant leur principal appui sur des articles du
Code que les partisans du système de la *restitutio
in integrum* ont rejeté, comme élément étranger
et nuisible, la règle romaine du domaine qu'elle
avait usurpé ; et certes cette règle, à laquelle une
indiscutable longévité seule donnait quelque valeur
juridique, devait être considérée comme abrogée
si la lettre de la loi nouvelle s'opposait réellement
à son application. Aussi les partisans du système
traditionnel ont-ils nié qu'une telle opposition
existât : discutant la justesse des conséquences à
raison desquelles on prétendait écarter leur principe comme étant contraire à celui de la nullité
absolue, discutant aussi la portée des articles où
l'on veut voir une abrogation tacite de la distinction romaine, ils se sont efforcés de concilier leur
maxime avec les textes du Code.

1° Et d'abord, que venait-on parler d'une atteinte portée à l'efficacité de l'art. 1131, parce que le créancier payé resterait en possession d'une chose dont la convention nulle n'a pu lui transférer la propriété ? « L'obligation sur une cause illicite ne peut avoir aucun effet » dit l'article en question ; mais l'application de la maxime *Nemo auditur...* ne met pas ce principe en échec. « Si l'action en répétition se trouvant écartée, le défendeur conserve de fait ce qui lui a été payé en exécution de la convention contraire à la loi ou à l'ordre public, il ne le retient pas cependant en vertu de cette convention, à laquelle on donnerait ainsi quelque effet en contravention de l'article 1131, mais bien à raison de l'indignité du demandeur en répétition, qui n'est pas recevable à alléguer sa propre turpitude » : ainsi raisonnent MM. Aubry et Rau, et, de même, M. Dubois dans sa note du Sirey.

Cette défense serait bonne, si nous avions pour loi le Code de Justinien.

Dans le système de la tradition romaine le transfert de la propriété *ob turpem causam*, qui avait en fait pour cause un contrat immoral, n'était pourtant pas un effet juridique de ce dernier ; il se suffisait à lui-même comme contrat abstrait : il convenait alors de se demander pourquoi le créancier, propriétaire de la chose payée, *conservait* ce droit dont l'acquisition valable portait préjudice à l'intérêt social, et il était juste aussi de répondre que, la dérogation aux principes ne s'imposant pas au cas de turpitude commune, le créancier conservait son droit à raison de l'indignité du débiteur.

Sous l'empire du Code civil on ne peut raisonner comme le font les auteurs cités. Que, dans leur système, le créancier ne retienne pas la chose en vertu de la convention, que le droit à la conservation ne soit pas fondé sur la convention, cela ne fait pas doute : il serait au moins bizarre de voir ce créancier, auquel on refuse le droit de se faire payer, invoquer sa créance nulle pour conserver la chose payée. Mais l'application du système traditionnel n'aboutit-elle pas cependant à maintenir l'effet produit par la convention ? Là est la question qui se posait et à laquelle il n'a pas été répondu. Or si l'on considère, d'une part, que notre Droit ignore la tradition abstraite, que le transfert de propriété se présente aujourd'hui comme un des effets juridiques des conventions et que la validité d'une aliénation dépend de la validité de la convention qui lui sert de cause, si l'on remarque, d'autre part, que dans notre hypothèse il s'agit non plus seulement comme en Droit romain de la conservation inique d'un droit acquis, mais aussi et surtout d'*une acquisition nulle*, ou mieux que le débiteur, attaquant

la conservation de la chose payée, base son action
sur le *défaut d'acquisition* d'un droit quelconque,
il est impossible de ne pas reconnaître que l'application de la maxime *Nemo auditur* contrevient au
principe énoncé dans l'article 1131 ». Si le défendeur conserve..... » dit-on. Mais le laisser en possession du bien, c'est valider en fait un transfert
de propriété nul en droit, et, comme ce transfert
devait être l'effet de la convention, c'est maintenir
cet effet en violation de la loi. Quelles que soient
les raisons pour lesquelles on veut interdire la
répétition, il n'en reste pas moins vrai que le créancier *a acquis en vertu de la convention* et que,
même en ne lui garantissant qu'une situation de
fait, cette situation résulte directement et uniquement de la convention.

Et maintenant quelles sont ces raisons ? Pourquoi laisser le créancier en possession du bien ?
Parce que, dit-on d'abord, le débiteur alléguant sa
propre turpitude ne doit pas être écouté. Mais cela
déjà est inexact : il n'est pas vrai que le débiteur
ait besoin d'invoquer sa participation au contrat,
ni même le contrat pour répéter son bien. « Qu'on
le remarque, dit excellement M. Duvergier dans
la *Revue étrangère et française,* celui des contractants qui réclame ce qu'il a donné, n'excipe pas
du contrat auquel il a concouru ; il en reconnaît
le vice, il en fait abstraction, au besoin il en

demanderait la nullité ; il soutient que l'objet, dont
il demande la restitution, est sa propriété, que
celui qui le détient n'a aucun droit à le conserver,
qu'aucun titre valable ne le lui a transmis. Son
action est donc fondée ». Le débiteur allègue seulement un droit que la convention illicite n'a pas
pû lui faire perdre. Admettons pourtant, puisque
la convention est mise en cause, que la demande
du débiteur soit entachée de turpitude. Mais la
défense du créancier ne l'est pas moins : il a contracté avec le débiteur ; en reprochant à ce dernier
sa mauvaise action, il s'accuse lui-même ; l'un et
l'autre ont pris une part égale à la faute. Pourquoi donc n'envisager que le rôle de celui qui
répète ? Cela paraît d'autant plus étrange que,
jusqu'à l'éxécution de l'obligation, c'est au débiteur qu'est donnée la préférence. Or si l'on exa-
mine toujours sous l'angle de la turpitude cette
nouvelle situation, on voit que la défense du débiteur actionné en paiement est aussi bien entachée
d'immoralité que la demande du créancier. Pourquoi donc donner raison à l'un avant, et à l'autre
après l'exécution ? Parce que, répond-on, au cas de
turpitude commune le fait l'emporte sur le droit ; la
situation du débiteur qui n'a pas encore payé, comme
celle du créancier qui a reçu son paiement, est un
titre de préférence : « celui qui échappe à l'exécution forcée ne jouit pas de cette faveur parce qu'il

est digne d'invoquer en justice la nullité, mais parce que son adversaire est indigne de réclamer en justice l'obligation », et « si ce qui a été reçu peut être conservé ce n'est pas par l'effet de la convention, mais parce que celui qui répète, alléguant sa propre turpitude, ne doit pas être écouté .». Que voilà donc une mauvaise raison ! En premier lieu l'escamotage et la mise en évidence alternatifs de chacun des contractants constitue un procédé de raisonnement qui n'a rien de juridique. Que le créancier demande l'exécution de l'obligation ou le débiteur la restitution de la chose payée, c'est au droit qu'il faut regarder ; et le droit met en présence deux individus, aussi peu intéressants l'un que l'autre, en face du créancier un débiteur qui excipe de la nullité de son obligation, en face du débiteur-propriétaire un détenteur qui nie devoir lui rendre son bien. Qu'importe au point de vue du Droit la situation de fait, et celui qui refuse de se dépouiller a-t-il quelque droit en plus par cela seul qu'il possède ? En second lieu et spécialement au cas de répétition, si la situation de fait de l'*accipiens* faisait en Droit romain obstacle à la répétition lorsque cette dernière émanait d'un *solvens turpis*, c'est qu'elle concordait avec sa situation juridique ; ce n'était pas la possession, comme il est dit souvent, qui valait comme titre de préférence, mais la propriété : à l'encontre d'un adversaire réunissant les qualités de possesseur et de propriétaire, la dérogation aux principes ne devait être accordée qu'à un demandeur digne de cette faveur. Mais dans notre droit, puisque malgré le paiement le débiteur demeure propriétaire du bien livré, puisque par suite la situation de fait du créancier se trouve en opposition avec sa situation juridique ou mieux avec celle du débiteur, quel titre de préférence peut-on découvrir à celui qui détient ? Ce n'est certes pas la possession ; car le Droit l'emporte sur le fait. Donner une influence quelconque à la positition des parties en cause, c'est en Droit français commettre, si l'on peut dire, un impair juridique. Enfin, outre qu'il n'est fait dans le Code civil aucune allusion à cette influence, aucune application de la maxime *Nemo auditur....*, on y rencontre — M. Demolombe les signale — deux solutions témoignant de l'indifférence du législateur à l'égard des considérations de turpitude : les articles 184 et 191 permettent aux deux époux, même de mauvaise foi, d'attaquer leur mariage contracté en contravention de la loi. Si le législateur avait entendu faire prévaloir au cas de turpitude commune le fait sur le droit à raison de l'indignité du demandeur et de la dignité de la magistrature, eût-il donné aux époux l'action en nullité ?

En résumé l'article 1131 s'oppose formellement,

par ses termes, à l'application de la règle romaine ;
en fût-il même autrement, on ne saurait concevoir un motif juridique qui permît d'apporter en
note hypothèse une exception au principe de nullité
absolue énoncé dans cet article.

2° Contre les articles 1235, 1376 et 1377, relatifs à la répétition du paiement de l'indû et qui
furent invoqués par les partisans du système de
la *Restitutio in integrum* comme venant confirmer la conséquence par eux tirée du principe de
l'article 1131, les partisans du système traditionnel ont dirigé trois objections.

a) Dans son étude sur la répétition des sommes
payées en exécution de marchés à terme illicites
[*Revue pratique de Droit français*], M. Bozérian
a pensé écarter l'argument en se fondant sur la
disposition finale de l'art. 1235 : « La répétition
n'est pas admise à l'égard des obligations naturelles qui ont été volontairement acquittées ». D'après
cet auteur, celui qui s'est rendu débiteur d'une
obligation illicite civilement nulle demeurerait
tenu envers le créancier d'une obligation naturelle, et le paiement fait en connaissance de cause
ferait aux termes même de la loi obstacle a la répétition.

Si la jurisprudence relative aux contre-lettres
n'avait à un moment de son évolution accepté
cette théorie, nous ne l'aurions certainement pas

signalée et nous ne prendrions pas la peine de la
. réfuter : le contre-sens est trop évident. L'obligation naturelle, c'est à proprement parler ce qui
reste d'une obligation objectivement valable, dont
tous les éléments substantiels existent et qui
aurait produit effet si par exemple l'une des parties n'avait été inapte à contracter ou si le paiement
n'en avait été demandé trop tard ; c'est le lien
naturel qui subsiste entre un créancier et un débiteur auquel son incapacité juridique permet d'attaquer l'engagement pris ou bien encore qui jouit
du bénéfice de la prescription : c'est en un mot la
conscience qui parle lorsque le Droit se tait. Dans
un intérêt général, si le créancier a tardé à exercer son droit, ou dans un intérêt privé, si le débiteur est un incapable, la loi annule civilement
l'obligation. Mais cette obligation, elle a vécu au
cas de prescription, et au cas d'incapacité l'incapable est à même de la vivifier, puisqu'il a seul le
droit de l'attaquer et peut aussi — l'incapacité
ayant disparu — la ratifier ou confirmer. Cette
nullité frappe donc l'obligation comme la mala-
die frappe l'être vivant : le débiteur est le méde-
cin auquel il appartient soit de laisser s'éteindre
l'organisme faute de soins, soit de le rendre à la
santé ; et si, connaissant son droit au choix, il a
voulu la vie de cet organisme, la loi lui rend sa
qualité de débiteur ; l'obligation naturelle rede-

vient obligation civile, un instant de raison, pour
mourir par un paiement valable. Le lien naturel
a pour base un lien civil brisé dont il est le pro-
longement. Impossible de concevoir un pareil
état de choses avec une obligation illicite et d'une
manière générale avec une obligation absolument
nulle ou inexistante. Il n'y a plus alors ni obligation, ni créancier, ni débiteur : c'est le néant. A
quoi rattachera-t-on le lien naturel ? Sera-ce à
l'impossibilité absolue de tout lien civil ? Le *solvens* n'a plus aucune raison de payer, puisqu'il
n'a jamais été et ne pourra jamais être débiteur (1). La conscience se tait parce que le domaine
lui manque où faire valoir ses droits ; ou bien, si
elle parle, ce sera précisément au cas d'obligation
illicite mais pour ordonner l'oubli. Enfin, toujours
au cas d'obligation illicite, la loi qui par des motifs
d'ordre public frappe la convention de nullité
absolue (art. 1131) peut-elle admettre (art. 1235)
qu'un paiement volontaire et éclairé la valide ? En
résumé, comme le lien civil dont il prend la place
le lien naturel est — la loi lui donne ce nom —
une obligation : certains éléments sont indispensables à son existence. Si le lien civil fait défaut
parce qu'un de ces éléments essentiels manque

1. Voir le passage du rapport du tribun Favart cité au précédent chapitre.

pour sa formation, le lieu naturel ne peut pas plus prendre naissance : du néant rien ne sort.

b) D'autres auteurs, MM. Pont, Aubry et Rau, Dubois, nient que les articles 1235, 1376 et suivants s'appliquent à notre hypothèse. Le Droit romain, disent-ils, distinguait la *Condictio indebiti* de la *Condictio ob turpem causam*, et donnait aux deux cas des sanctions différentes. Pothier, guide du législateur, faisait de même. Rien ne prouve que le Code civil ait voulu s'écarter de la voie traditionnelle ; la place et la rédaction des dits articles montrent au contraire que le législateur ne s'y occupe que de la *Condictio indebiti*. Il n'est donc pas permis de confondre les deux domaines, d'emprunter au paiement de l'indû une règle qui ne saurait convenir à la cause illicite.

Certes, répondrons-nous d'abord, il faudrait être de mauvaise foi pour ne pas reconnaître que ces articles visent spécialement la répétition du paiement de l'indû, ce qu'improprement on appelle encore aujourd'hui la *Condictio indebiti*. Mais en Droit français le paiement fait en exécution d'une obligation immorale ou illicite n'est pas autre chose qu'un paiement de l'indu. En conséquence de l'abandon de la promesse abstraite la *condictio ob turpem causam* est devenue un cas particulier de *Condictio indebiti*, et par suite appliquer les articles 1235, 1376 et suivants à la répétition

d'une prestation illicite, c'est non seulement un
droit mais en présence des art. 1108 et 1131 un
devoir (1). Le sujet passif d'une obligation frappée
de nullité absolue ne doit rien ; s'il paye, il paye
l'indû : il peut donc répéter. Il existe en outre de
sérieuses raisons pour ne pas attacher à cette distinction romaine une importance exagérée, pour
en tout cas ne pas en tirer argument. En premier
lieu si les rédacteurs du Code s'étaient préoccupés
de la respecter, il auraient été naturellement portés à reproduire la maxime *Nemo auditur...*,
comme ils ont reproduit le principe de la répétition
de l'indû ; car ce dernier n'était pas moins traditionnel, il ne s'imposait pas moins à titre de règle
générale, de principe supérieur, que celui du refus
d'action au cas de turpitude commune, et ils lui
ont pourtant consacré plusieurs articles. Si l'on
suppose les rédacteurs du Code esclaves de la tradition, on ne peut expliquer que par une négligence inimaginable ce fait que, de deux principes
frères et également importants, ils aient reproduit
l'un et passé l'autre sous silence. Pour nous ce
fait prouve à lui seul l'abrogation tacite de la

1. Cela est si naturel, si évident, que les auteurs anciens et
aussi — nous allons le voir — des auteurs modernes ont invoqué l'absence d'erreur, qui s'oppose à la répétition de l'indû,
pour refuser au débiteur *turpis* le droit de répéter le paiement
fait par lui en exécution d'une obligation illicite.

maxime *Nemo auditur*.... En second lieu la classification des *Condictiones* d'après la source du
droit de créance — classification à laquelle est
empruntée la distinction invoquée — ne peut plus
trouver place dans notre Droit. Elle résulte de l'ef-
fort fait par les jurisconsultes romains, à une
époque où à l'inverse de notre idée moderne l'action seule fondait le droit, pour remédier à une
situation inique créée par l'application stricte des
principes anciens ; elle représente la tactique suivie pour atteindre et anéantir dans toutes ses
manifestations possibles l'enrichissement sans
cause et contraire à l'équité ; elle reproduit sous
les dehors variés dont on la revêtit pour généra-
liser la victoire de l'équité sur les principes, l'idée
que l'*accipiens* ne peut conserver un droit de propriété acquis sans cause au détriment du *solvens*.
Or de cette idée, autrefois « exception », notre
Droit a fait la règle, réconciliant ainsi les principes avec l'équité. Puisque le transfert abstrait de
propriété n'est plus admis et que l'aliénation pour
être valable a besoin d'une cause que l'on trouve
toujours dans un acte juridique antérieur, puisque
aussi dans notre législation le droit fonde l'action,
nous n'avons plus que faire de ces analyses subtiles auxquelles se sont livrés les Romains. A l'action romaine en réparation d'un dommage injuste,
action personnelle, correspond en principe chez

nous une action en revendication, action réelle ;
le droit de créance exercé par le demandeur contre le seul défendeur au moyen de la *condictio sine
causa* et qui valait exclusivement par sa source a
fait place à un droit de propriété dont la source
importe peu et que l'on peut invoquer même à l'encontre d'un tiers acquéreur (1) : la situation n'est
plus la même. Pourquoi dès lors assimiler ces
deux actions, qui n'ont de commun que leur but
et qui diffèrent par leurs caractères comme par leurs
effets ? A quoi bon morceler notre droit de répétition ? Cette opération qui a, sinon étendu, du
moins délimité le domaine des *Condictiones* en
Droit romain et par suite donné des règles plus
précises et des effets plus sûrs à ces actions, ne
peut aujourd'hui qu'affaiblir un principe qui se
suffit à lui-même. Il ne doit plus y avoir de *condictiones* multiples et distinctes parce que le droit
à la répétition découle d'un principe juridique

1. C'est au Droit français et lorsque, la chose payée ayant
perdu son individualité dans le patrimoine de l'*accipiens*, la
revendication est remplacée par une action personnelle, que
conviendrait la théorie imaginée par Savigny pour les *condictiones*, théorie d'après laquelle la condition essentielle de la
condictio c'est de naître à la suite d'une aliénation, de tenir lieu
et place d'une action en revendication disparue. Mais même en
cette hypothèse il n'est pas utile de se préoccuper en Droit
français de la source du droit de créance : cette source c'est
invariablement le droit de propriété perdu indûment, c'est-à-
dire encore l'aliénation sans cause.

général, la nullité de l'aliénation sans cause ; et malgré l'analogie, notre répétition de l'indû (article 1235, 1376 et 1377) n'est pas la reproduction voulue et raisonnée des règles de la *Condictio indebiti* — comme le prétendent certains auteurs — mais l'application de ce principe que renferme l'article 1138. D'où nous concluons que, s'il est légitime de voir l'origine de notre droit de répétition dans la théorie romaine des *Condictiones*, il ne l'est plus de ressusciter ces actions en appliquant leurs règles à une action de nature différente. L'idée ne viendra jamais à personne de parler français suivant les règles de la grammaire latine sous prétexte que notre langue tire en partie son origine de celle des Romains : il ne faut pas faire en Droit ce qu'on ne ferait pas en linguistique. En un mot nous nous trouvons en présence non pas d'une simple descendance, mais d'une transformation.

c) Enfin les considérations qui précèdent dictent la réponse qu'il convient de faire au troisième argument dirigé contre les articles 1235, 1376 et 1377 : il se réfère à l'erreur du *solvens*. « L'article 1376 n'est pas applicable, écrit Larombière, parce qu'il n'y a pas erreur, c'est-à-dire fausse croyance qu'il existait une cause juridique d'obligation. En ce sens Zacchariæ dit, avec beaucoup de raison, que celui qui a acquitté une obligation

fondée sur une cause contraire aux bonnes mœurs
ne peut en répéter le payement, sous prétexte qu'il
ne l'a fait que par suite d'une erreur de droit sur
les effets juridiques de pareilles obligations ».
Pothier, au numéro 45 de son *Traité des Obligations*, exprimait déjà la même idée.

Essayons de préciser cette notion de l'erreur du
solvens. En Droit romain la *condictio indebiti*
constituait une dérogation aux principes, une
faveur. Seul celui qui, payant l'indû, croyait réellement acquitter une dette, devait avoir le droit
d'intenter cette action ; car l'équité, base unique
du système des *Condictiones* (1), ne commandait
en aucune façon d'anéantir une aliénation valable
fait par un *solvens* qui savait ou était à même de
savoir ne rien devoir à l'*accipiens*. Aussi exigeait-
on non seulement que le paiement eût été fait par
erreur, mais encore que cette erreur fût excusable ; si le *solvens* avait commis une négligence
excessive, l'équité même s'opposait à ce qu'il fût
dérogé au Droit ancien (2). Entre un *accipiens*

1. Digeste, XII, 6, 6.

2. Digeste, XII, 6, 1 § 1, 2 et 9. — Dans son *Manuel de
Droit romain* (p. 600, notes 4, 5 et 6), M. Girard, développant
logiquement cette idée et appuyant son opinion sur des textes,
enseigne que l'erreur de droit ne devait pas donner naissance
à la *condictio indebiti*, sauf pour les personnes inexpérimentées
réputées ignorantes de la loi, non seulement sous Justinien,
mais en Droit classique.

propriétaire, muni d'un droit valablement acquis et un *solvens* auquel une négligence pouvait être reprochée et qui sollicitait une faveur, il n'y avait pas à hésiter : la situation régulière du premier devait l'emporter. Toute différente est dans notre Droit la répétition du paiement de l'indû. Conforme aux principes, autorisée par des textes du Code, elle est un droit ou mieux l'exercice d'un droit. Le paiement fait par le *solvens* d'une dette qu'il croyait exister entre l'*accipiens* et lui et qui n'existait pas, ce paiement est nul comme l'obligation dont il devait être l'éxécution ; il n'y a pas eu transfert de propriété parceque l'aliénation était sans cause, et le *solvens* demeuré propriétaire de la chose payée exerce en répétant, non pas un droit nouveau issu de l'équité, mais un droit antérieur qu'il conserve en vertu même des principes. Mais il faut bien entendu que le *solvens* ait voulu *payer* et payer *sa propre dette* : car en ce cas seulement l'aliénation manque de cause. Si, en effet, il avait voulu *donner* ou encore payer sciemment *la dette d'un autre* ou d'une manière plus générale rendre l'*accipiens* propriétaire pour toute autre raison légitime que la volonté d'acquitter une dette personnelle, le transfert de propriété aurait une cause, serait valable, et le droit de répétition disparaîtrait. Alors sous les apparences d'un paiement le *solvens* aurait fait une opération différente, qui n'est pas toujours — quoi qu'on en dise — une donation et qui, si elle est licite, valide l'aliénation. Et l'on ne pourrait plus parler de répétition du paiement de l'indû puisqu'il ne s'agirait pas entre le *solvens* et l'*accipiens* d'un paiement et qu'il n'y aurait pas lieu de revenir sur l'opération accomplie. En ce sens M. Huc écrit excellement : « Il est inadmissible de poser en principe que le *solvens*, qui a agi sciemment, ne peut avoir eu d'autre intention que celle d'adresser une libéralité à l'*accipiens* : on peut supposer qu'il a voulu faire un dépôt malgré le dépositaire....... En réalité le *solvens* a suivi la foi de celui à qui il a spontanément livré à titre de paiement une chose non due. En plaçant cette chose dans le patrimoine de l'*accipiens*, il a, en connaissance de cause, autorisé celui-ci à se gérer désormais et toujours comme propriétaire, non seulement vis-à-vis des tiers, mais encore et spécialement vis-à-vis de lui-même, *solvens* ; il a placé entre ses mains une exception péremptoire, avec la faculté de s'en servir indéfiniment ». Donc, selon nous, la preuve de l'erreur, qui incombe au demandeur, c'est la preuve qu'il n'avait pas en livrant la chose d'autre intention que celle de *payer une dette qu'il croyait exister à sa charge propre*. Telle est en Droit français la notion de l'erreur dans la matière du paiement de l'indû, notion conforme aux principes, conforme également à l'article 1377 — seul texte, d'ailleurs assez vague, où il en soit question —, conforme enfin à l'intention du législateur, si l'on pense la trouver dans le discours du tribun Tarrible (1). Nous en concluons d'abord que l'erreur de droit comme l'erreur de fait peut donner ouverture à l'action en répétition ; ensuite que le paiement d'une obligation immorale ou illicite, fait par le pseudo-débiteur au pseudo-créancier *en tant que paiement de ladite obligation*, n'exclut par l'erreur même si le débiteur est *turpis*. Il suffit que le *solvens* ait seulement voulu payer sa dette pour qu'il soit en droit de répéter. Les auteurs qui ont nié la possibilité de la répétition d'une prestation illicite au cas de turpitude commune en se fondant sur l'absence d'erreur, ont eu le tort de s'inspirer directement du Droit romain au lieu de chercher d'abord dans notre Code la solution de cette question de Droit français : ils y auraient en tout cas trouvé, à défaut d'une réponse spéciale, expresse, des principes généraux dont il n'est pas permis de s'écarter et qui ne pouvaient que les conduire sûrement au but. C'est encore, c'est toujours l'influence du Droit romain ! Et nous avons maintenant fini de voir où elle a mené ceux qui la subissaient. Les textes négligés ou interprétés selon les besoins de la

1. Locré, t. VI, pp. 285 et 286.

cause ; les principes oubliés ; une action réelle à laquelle on prétendit appliquer des règles faites pour des actions personnelles ; des conditions d'exercice appartenant à deux actions distinctes concurremment exigées pour une troisième à laquelle du reste elles ne convenaient pas ; enfin ce qui dans notre législation est une conséquence logique et inévitable du principe traité comme l'était dans un Droit antique une faveur exceptionnelle : tel est, si l'on peut dire, le bilan du système que nous avons appelé le système traditionnel. Ses défenseurs ont déclaré inexact ce passage de Marcadé : « Notre Code, à la différence du Droit romain, ne permet pas qu'on s'enrichisse *jamais* aux dépens d'autrui, il ne veut pas qu'on puisse jamais garder le bien qui appartient à d'autres. Aussi l'art. 1376 déclare-t-il de la manière la plus absolue que quiconque reçoit ce qui ne lui est pas dû est obligé à le restituer, sans distinguer pourquoi ni comment a été livrée la chose qui n'était pas due, tandis que le Droit romain ne permettait la répétition à celui qui avait payé indûment qu'autant qu'il l'avait fait par erreur........ Il ne faut donc par argumenter ici un Droit romain........ » En décidant ainsi, Marcadé fit preuve d'une connaissance approfondie tant du Droit romain que du Droit français, d'indépendance à l'égard d'une tradition abrogée mais toujours maîtresse, et de respect envers un Code nouveau non seulement par sa rédaction, mais encore par son esprit.

§ C. *Exigences de l'intérêt social.* — C'est enfin l'intérêt social que les partisans du système traditionnel invoquent à l'appui de leur opinion, l'intérêt social, c'est-à-dire en l'espèce les résultats satisfaisants que le législateur poursuivait en frappant de nullité absolue les conventions contraires à la loi, aux bonnes mœurs ou à l'ordre public, le bien que la société est en droit d'attendre de cette sanction. Or, pensons-nous, pour que le législateur fit de ces conventions naturellement vicieuses mais viables pourtant — puisqu'il suffit d'un changement dans les mœurs ou dans la loi pour que telle d'entre elles devienne valable — quelque chose de juridiquement inexistant — « car une cause illicite est aux yeux de la loi comme si elle n'existait pas, comme une cause impossible dans son exécution » (Travaux préparatoires, passage déjà reproduit) —, il fallait qu'il les considérât comme dangereuses, de même qu'il tenait pour telles, mais à un moindre degré, celles qu'il annula dans l'intérêt de certains particuliers. Et, les jugeant dangereuses pour le bien public, il devait au moins attendre de sa rigoureuse décision (nullité absolue) deux résultats : d'abord, au cas où les tribunaux auraient à en connaître, l'anéantissement total de leurs effets ; ensuite une entrave efficace apportée à leur développement. A cette attente, que la logique suggère et impose, laquelle des deux sanctions répond le mieux? Est-ce la *Restitutio in integrum*, ou l'*Uti possidetis ?*

En ce qui concerne l'anéantissement des effets, le doute n'est pas possible et la question ne s'est pas posée : évidemment le système, actuellement admis, suivant lequel toutes choses sont remises en l'état où elles se trouvaient avant la convention, est préférable à celui, traditionnel, qui conduit à respecter en notre hypothèse l'exécution de cette convention. Voilà donc sur ce point notre sanction conforme à la fois à l'intention présumée du législateur et au texte de la loi (art. 1131).

Au contraire le moyen le plus propre à empêcher les trafics illicites ou immoraux a fait question. Aux auteurs qui voyaient ce moyen dans la *Restitutio in integrum* (1), M. Dubois répondait : « Cela n'est nullement établi dans le cas de turpitude comme aux deux parties. Au contraire en

1. Duvergier, *Vente :* « Enfin le véritable moyen d'empê les trafics malhonnêtes, c'est d'ôter toute espérance d'en obtenir ou d'en conserver le prix ». — Colmet de Santerre, *loc. cit.* : « En effet la société est intéressée à ce que celui qui stipule le salaire d'un acte illicite soit bien convaincu qu'il ne possèdera jamais ce salaire en toute sécurité, que non seulement il ne pourra en obtenir le paiement, mais que le paiement, même effectué, n'aura pas un caractère stable et définitif. La possibilité de la répétition est une menace qui fera plus d'une fois obstacle à certaines conventions honteuses ou illicites ».

excluant ce principe de répétition possible, on livre les deux parties entièrement à la discrétion l'une de l'autre, la sécurité leur fait défaut. Dans l'autre opinion, il résulte quelque sécurité pour celui qui prétend exercer la répétition » (1).

Le point faible de cette dernière opinion, signalé par Demolombe et MM. Baudry-Lacantinerie et Barde (2), fut mis en pleine lumière par M. Ed. Meynial (3) qui, dans une magistrale comparaison de la valeur sociale des deux systèmes en présence, a définitivement établi la supériorité du système actuellement admis. Quelle est donc en effet celle des deux sanctions qui, plus que l'autre, effraye les parties au point de les détourner de contracter? Est-ce celle qui leur laisse la possibilité de mettre pour toujours leur convention à l'abri de la nullité et d'avoir les tribunaux pour auxiliaires dans la défense d'une situation que la loi réprouve? Car l'application de la maxime

1. S. 74, 1, 241, note.

2. Demolombe, *loc. cit.* : « Notre doctrine est plus préventive. L'autre encourage les pactes honteux en rendant ceux faits au comptant inattaquables ». — Baudry-Lacantinerie et Barde, *loc. cit.* : « Car l'obligation sur cause illicite devenant ainsi inattaquable serait plus résistante que les obligations dont la cause est licite ».

3. Sirey, 90, 2, 97, note : « Ce défaut de sécurité, qui dure même après l'exécution, est certainement bien plus propre à entraver le développement des obligations de cette sorte que la demi-validité que leur reconnaît la maxime romaine ».

Nemo auditur... aboutit en définitive à ce résultat : si le créancier veut éviter d'être à la discrétion du débiteur en ce qui touche l'exécution de la convention, il n'a qu'à traiter au comptant ; s'il est vrai qu'ensuite la sécurité manque au débiteur pour ce qui est de l'annulation par voie de répétition, il n'est pas moins certain que la volonté du créancier suffit à maintenir indéfiniment un état de choses mauvais. Et comme, d'une part, le seul moyen d'entraver la conclusion des contrats illicites c'est de menacer les parties d'une annulation qui leur fera perdre le bénéfice de leur opération, comme d'autre part — la sanction *Nemo auditur...* assurant au contraire la conservation indéfinie de ce bénéfice si l'opération est terminée comptant — les parties généralement convaincues de faire une bonne affaire hésiteront rarement à traiter de la sorte, cette sanction ne produit pas l'effet qu'on attend d'elle. L'autre sanction ne vaut-elle pas mieux, qui donne au débiteur le droit de repousser l'action en paiement et d'obtenir, s'il a payé, la restitution de son bien, et accable le créancier de doutes quant à l'exécution du contrat, de craintes quant à la conservation de la chose obtenue ? Contracter lorsqu'on est menacé de contracter en vain, posséder sans être certain de conserver la possession, voilà des situations que les parties ne peuvent envisager sans effroi : c'est donc que la sanction qui les crée atteint son but. Certes il en résulte quelque sécurité pour celui qui répète, et, moralement parlant, cette sécurité est regrettable. Mais, à ne considérer que l'intérêt social et les deux sanctions opposées, c'est la sécurité du débiteur qui constitue précisément la supériorité de l'*In integrum restitutio* sur l'*Uti possidetis*, puisqu'elle entraîne nécessairement l'insécurité du créancier et par suite détourne de contracter, puisqu'aussi elle consiste dans une possibilité d'anéantissement conforme au vœu de la loi.

III

DE L'APPLICATION DE CES SYSTÈMES ET CONCLUSION

Aux raisons d'abandonner le système traditionnel tirées des textes et des principes, Demolombe en ajoute une dernière, qu'il trouve dans les difficultés et les contradictions que l'application de ce système a fait naître Il aurait donné plus de force à son argument s'il avait montré, comme nous voulons essayer de le faire, que ces divisions, toujours regrettables, entre les partisans de la maxime *Nemo auditur...* ne pouvaient pas ne pas se produire, que le système même les porte en germe avec lui.

D'une part en effet le système traditionnel, que le Code n'autorise pas formellement, repose uniquement sur l'équité et l'intérêt public ; or ce sont là deux notions vagues, relatives.

L'équité d'abord est affaire de sentiment et la détermination de ce qu'elle exige dépend de la qualité du sens moral chez celui qui détermine. Par suite une solution juridique qui prend son point d'appui sur l'équité, mais qu'un texte de loi n'a pas précisée, fixée, et ne protège pas contre les altérations possibles, une telle solution est nécessairement plus exposée à être critiquée, à recevoir des interprétations différentes. Porter la question du for extérieur — Pothier désigne par cette expression le domaine purement juridique (1) — dans le for de la conscience, c'est-à-dire sur le terrain de la morale, est un besoin de l'esprit ; et, comme le texte de loi manque qui pourrait guider et retenir les commentateurs, ces derniers suivent leur inspiration personnelle qui les fera peut-être s'écarter les uns des autres. C'est ce qui est arrivé pour la règle *Nemo auditur...* Déjà Grotius (II, XI), considérant les conventions illicites du point de vue du Droit naturel, discute l'opinion générale et déclare obligatoire la promesse du débiteur si l'acte illicite a été commis tandis qu'il

1. Pothier, *Traité des Obligations*, n° 44.

lui refuse cette valeur tant que le créancier n'a pas agi : Pothier et Puffendorf s'élèvent justement contré cette distinction entre l'invitation au crime et la récompense du crime (1). Mais surtout un commentateur du Code, Toullier, qui lui s'occupe de l'application en Droit civil français de la maxime romaine, a enseigné une solution différente de celle communément admise : « Loin d'être obligé de tenir sa parole, le promettant est tenu de se dégager. Celui qui a donné ou reçu quelque chose pour prix d'une action illicite doit retirer ce qu'il a donné ou rendre ce qu'il a reçu avant que l'action soit commise. Mais si elle l'a été, et si la chose ou la somme qui en était le salaire a été payée en vertu de la convention, celui qui l'a donnée ne peut la répéter... Le mal est fait, et la faute commise par le corrupteur, qui a payé pour faire commettre un crime, ne peut plus être réparée : elle ne peut donc être un titre ni un prétexte pour répéter ce qu'il a donné » (2). Ce sont aussi des considérations de conscience qui ont conduit des auteurs et la jurisprudence (3) à parler en notre matière d'obligation naturelle.

1. Pothier, *ibid.*

2. Toullier, *loc. cit.* Cette solution est, appliquée au droit positif, celle que Grotius admettait en droit naturel.

3. V. C. de Rouen, 18 février 1842, S. 1842, 2, 201.

Non moins que la notion d'équité, celle d'intérêt social devait faire naître des difficultés, occasionner des contradictions. Nous avons vu que, s'il est aisé de s'entendre sur les exigences du bien public déterminées *a priori*, abstraction faite des cas particuliers, l'accord n'existe déjà plus dès qu'il s'agit de choisir, dans les mêmes conditions pourtant, le moyen de les satisfaire. Mais c'est lorsque de la théorie on passe à la pratique, lorsqu'à côté de la nécessité première et fixe d'entraver le développement des conventions illicites s'en présentent d'autres qui, pour varier avec chaque espèce, n'intéressent pas moins la société et que la sanction désirable en tel cas particulier se trouve en opposition avec le principe général admis par le législateur (1), c'est alors que le système traditionnel pèche par la base. Si en pareil cas la volonté du législateur se présente sous la forme d'un principe écrit, d'un texte inviolable,

1. Ces oppositions sont inévitables, le législateur ayant pour mission de poser des principes dont il restera à faire ensuite l'application à des cas particuliers que souvent il n'a pas pu prévoir. Prend-on par exemple pour principe la règle romaine ? En matières de cessions d'offices et au cas de répétition des sommes payées au delà du prix ostensible, l'intérêt public exige qu'il y soit fait exception et que la restitution ait lieu. Admet-on au contraire en principe la possibilité de la répétition ? Il faudra dans l'intérêt du marché financier écarter pratiquement cette sanction dans la matière des négociations illicites sur les valeurs côtées.

commentateurs et tribunaux, retenus par le respect dû à la loi, étudient de très près les exigences
de la pratique ; ils ne s'en préoccupent que lorsque
l'intérêt public l'exige réellement et cherchent la
solution du conflit de préférence dans une conciliation : autant de raisons pour qu'ils s'accordent
sur une solution unique et satisfaisante. Si au
contraire le principe à appliquer n'est pas écrit
dans la loi, s'il est seulement présumé avoir été
dans l'intention du législateur, les auteurs et la
jurisprudence se font naturellement moins scru-
pule d'en écarter l'application ; ils sont par suite
portés à respecter les exigences de la pratique
sans en avoir assez discuté la valeur, à voir un
mal impérieux et un conflit là où il n'y a que des
inconvénients naturels indignes de faire échec au
principe légal, à résoudre enfin des difficultés trop
souvent imaginaires par la voie brutale de l'exception. De là des divergences d'opinion entre partisans du même système et une multiplicité d'exceptions qui fait oublier la règle. Qu'on lise les
notes de jurisprudence relatives à l'application de
la maxime *Nemo auditur...*, notamment celle de
M. Dubois (S. 74, 1, 241), et celle de M. Poncet
(D. 87, 1, 465), et l'on verra que le système traditionnel de l'*Uti possidetis* ne trouve pas une base
plus solide dans l'intérêt public que dans l'é-

quité : il périt sous l'amas des contradictions (1).

D'autre part, l'application de la maxime *Nemo auditur...* qui, en notre hypothèse, c'est-à-dire au cas de répétition, empêche la nullité absolue des obligations illicites ou immorales de produire son plein effet, est subordonnée à la réalisation de deux conditions : la turpitude de celui qui répète et un paiement effectué. Or, s'agissant d'apporter une exception à un principe écrit dans la loi (art. 1131, 1235, 1376) en vertu d'un autre (?) que la loi, dit-on, contiendrait implicitement, ce dernier allait nécessairement recevoir une interprétation au moins aussi rigoureuse que les exceptions expresses auxquelles on applique l'adage « *Exceptio est strictissimæ interpretationis* ». Et cette interprétation portait sur deux faits, la turpitude et le paiement, qui par leur nature prêtaient l'un et l'autre à la controverse.

1. Comparer ces deux solutions inspirées par l'intérêt public. M. Dubois, partisan du système traditionnel, écrit : « Mais dans certains cas l'intérêt public exige que la répétition soit possible : alors il faut faire exception à notre principe ». — M. Poncet, qui ne se prononce franchement pour aucun des deux systèmes, écrit : « En principe celui qui a payé en vertu d'une cause illicite peut répéter la somme qu'il a versée, alors même qu'il a participé à la violation de la loi, à moins cependant que la cause de paiement ait un caractère si honteux que la réclamation ne puisse être produite devant les tribunaux sans constituer un outrage à la dignité de la justice ». — Que devient la loi dans tout cela ?

Wagner   6

Chercher s'il y a turpitude commune, cela revient à se demander si l'entente entre l'*accipiens* et le *solvens* constitue de la part de celui-ci comme de celui-là une mauvaise action. Précisons : en Droit romain la question était de savoir si le but de l'acte juridique impliquait malhonnêteté chez les deux contractants ; en Droit français elle est de savoir si la violation de la loi, si l'atteinte aux bonnes mœurs ou à l'ordre public, résultant de l'acte juridique qui a fait naître l'obligation sur cause illicite, est imputable au débiteur et au créancier. Et c'est tout. Il n'était pas nécessaire en Droit romain que la faute du *solvens* fût égale à celle de l'*accipiens* pour que le premier perdît le droit de répéter ; les jurisconsultes parlent généralement de turpitude commune et non de turpitude égale : au reste, étant donnés la situation régulière de l'*accipiens* et le caractère exceptionnel de la demande du *solvens*, une telle exigence eût été, sinon injuste, du moins excessive. Donc la question du degré de turpitude ne devait pas, en principe, intervenir dans l'application du système traditionnel français, puisque ce système, auquel le Code ne fait aucune allusion, devait la vie au Droit romain. Le contraire arriva pourtant et cela par la force des choses. En effet cette notion juridique de la turpitude commune, que l'on peut, somme toute, ramener à la notion

de complicité, est simple, invariable, tandis que
dans la réalité la part prise par le *solvens* à l'acte
illicite varie suivant les circonstances de fait ; et,
si parfois cette turpitude égale ou dépasse celle de
l'*accipiens*, parfois aussi elle est moindre et peut
tomber presque à rien. C'est pourquoi déjà des jurisconsultes romains, rompant avec la tradition de leur
temps et malgré ce qu'il pouvait y avoir d'excessif —
nous venons de dire en quoi — dans l'innovation
qu'ils proposaient, ont essayé de subordonner
l'exercice de la *condictio ob turpem causam* au
degré de turpitude chez le *solvens* lorsque l'application rigoureuse de la maxime *Nemo auditur...*
leur paraissait donner un fâcheux résultat (1).
Combien plus naturelle devenait cette tentative
avec une législation comme la nôtre, où l'application de la règle romaine prive le débiteur d'un
droit et non plus d'une faveur, où le créancier,
quand il est le plus coupable, ne peut se prévaloir
d'une situation régulière pour échapper malgré
tout à la restitution, où enfin la turpitude fait
encourir une véritable peine au débiteur ! Comment s'étonner que certains jurisconsultes et tribunaux aient employé cette tactique, aient occa-
sionnellement cherché à contrarier l'effet de la
règle romaine par le moyen de l'inégalité de tur-

1. Voir notre chapitre II (*Droit romain*), section II.

pitude, soit que partisans du système traditionnel ils y fussent poussés par des considérations d'intérèt public (1), soit que ennemis de ce système ils aient cru bon d'utiliser cet argument d'espèce (2) ? De là des discussions sur la légitimité de ce moyen ainsi que sur les degrés de la turpitude.

Enfin ce que le Droit romain interdisait, c'était

1. C'est en matière de contre-lettres modifiant les traités ostensibles de vente d'offices ministériels que la considération de l'inégalité de turpitude a été mise en avant. La turpitude inégale et par suite la possibilité de la répétition, reconnues par M. Em. Moreau dans une note sous Cass. 2 mars 1864 (S. 1864, 1, 161) et par MM. Aubry et Rau (4, p. 741), furent consacrés dans les mêmes termes par deux arrèts de la Chambre des Requêtes du 1er août 1844 (S. 1844, 1. 584) et du 11 août 1845 (S. 1845, 1, 643), «... la faute n'est pas égale entre le postulant et le titulaire puisque c'est ce dernier, fonctionnaire public, ayant en cette qualité des devoirs plus étroits, qui a fait subir la loi d'un prix exagéré au postulant ». M. Bozérian, partisan du système traditionnel, et M. Demolombe refusent de voir en l'espèce une turpitude inégale ; M. Meynal (note du Sirey) s'associe à leur opinion et critique en même temps la légitimité de l'effet attribué à l'inégalité de turpitude : « Mais d'abord, dit-il, qui a fait subir une contrainte à l'autre : du vendeur par sa rapacité ou de l'acheteur par ses offres fascinatrices ? Et puis, lequel des deux est soumis à une plus grande délicatesse, du fonctionnaire qui va cesser de l'être ou de celui qui aspire à le devenir ? Et enfin, faut-il bien, pour l'application de la maxime, qu'il y ait faute égale des deux parties, et ne suffit-il pas que chacun soit coupable, quelle que soit l'intensité de la faute » ?

2. Duvergier : « Le désir naturel de se créer une position, l'espérance trop facilement conçue d'accroître sa clientèle et ses bénéfices, la perspective souvent trompeuse d'une riche

toute *condictio* dans laquelle le demandeur avait à invoquer sa propre turpitude : aussi opposait-on alors la règle *Nemo auditur...* non seulement à celui qui, ayant opéré une tradition, voulait répéter la chose livrée (*condictio certi*), mais encore à celui qui, ayant contracté une obligation immorale et n'attendant pas que le créancier l'actionnât, demandait sa libération (*condictio incerti*). En ce dernier cas le débiteur conservait le droit de repousser la demande du créancier par l'exception de dol. Dans notre Droit, si l'on appliquait rigoureusement la règle romaine, on devrait décider que l'action tendant à faire restituer des billets ou effets souscrits en exécution d'une obligation illicite ou immorale, même exercée avant toute négociation desdits billets ou effets, n'est pas plus admissible que celle tendant à la restitution de la chose donnée en paiement. Car, bien que le débiteur vise par la première l'annulation de son engagement, il invoque pourtant sa propre turpitude comme au cas où par la seconde il réclame l'annulation du paiement. Telle est du reste l'opinion de M. Dubois, qui sur ce point se montre plus respectueux de la tradition que dans les questions d'intérêt public. Mais soit

dot, excitent et déterminent un jeune homme et certainement excusent jusqu'à un certain point le tort qu'il a eu de commencer sa carrière par un acte illicite ».

influence des règles propres aux obligations naturelles, soit plus vraisemblablement effet de la négociabilité des engagements écrits, cette conséquence de la maxime *Nemo auditur*... fut généralement écartée par la jurisprudence qu'approuvent des annotateurs anonymes. Qu'arrive-t-il en effet lorsqu'un débiteur, au lieu de payer au comptant sa dette illicite, signe des effets négociables et les remet au créancier ? Ou bien ce dernier les garde par devers lui et réclame lui-même le paiement : alors il se voit repoussé en vertu de la règle romaine comme doit l'être tout individu qui fonde son droit sur sa propre turpitude. Ou encore le créancier cède les effets à un tiers qui — supposons-le d'abord — en connaît le caractère illicite, qui est de mauvaise foi : pas plus que son auteur, cet ayant cause n'obtiendra du débiteur qu'il acquitte son engagement ; car il a fait sienne la turpitude du précédent bénéficiaire et ce serait l'invoquer que d'agir en paiement. Supposons enfin et au contraire que le tiers porteur soit de bonne foi, c'est-à-dire qu'il ignore le genre de nullité dont est frappée l'obligation : on admet alors généralement que ce porteur peut obtenir du souscripteur l'exécution de la dette (1) ; assurément si

1. Voir sur la légitimité de cette solution, sur les motifs qui l'ont fait admettre, et d'une manière générale sur la nature du droit des porteurs successifs, la note de M. A. Tissier, sous Cass. civ. 9 nov. 1896 (S. 1897, 1, 161).

l'on doit voir quelque turpitude dans son droit, on ne dira pas que c'est la sienne propre. Ainsi le débiteur, dont le rôle reste le même dans les trois cas et qui dans les deux premiers échappe à l'obligation de payer, doit s'exécuter dans le troisième et cela par suite *d'une circonstance tout à fait indépendante de sa volonté*. Est-il en présence du créancier ou d'un porteur de mauvaise foi ? Il se trouve dans le même état que s'il n'avait pas souscrit d'effets. En présence d'un porteur de bonne foi ? Ce *pur hasard* le met dans la nécessité de payer, c'est-à-dire qu'il en sera finalement de lui comme s'il avait contracté une obligation valable. Cette périlleuse situation du débiteur, admise en pratique afin de faciliter la circulation du titre, mais qui, en théorie, ne repose sur aucun principe juridique certain (1), donna à réfléchir ; il parut qu'un *hasard* ou une *contrainte* ne devait pas suffire, qu'un acte *volontaire* était indispensable pour opérer une modification aussi importante, et l'on raisonna à peu près comme il suit. Sans doute le débiteur qui remet à son créancier des effets négociables, le paye en quelque sorte. Mais de ce que, à raison de la règle *Nemo auditur...* et dans les rapports entre créancier et débiteur, cette remise ne produit aucun effet, le souscripteur est présumé n'avoir

1. Voir la note précédente.

pas voulu rendre sa situation pire, ou, si par ce fait il y a consenti, ce doit être sous la réserve qu'il pourrait avant toute négociation empêcher la circulation de ses effets en se les faisant restituer. C'est seulement s'il n'exerce pas en temps utile cette répétition qu'il y aura de sa part *paiement réel, volontaire*, et qu'il sera présumé avoir *accepté* le risque d'une rencontre avec un porteur de bonne foi. Ainsi se transforma la règle romaine en passant dans notre Droit. A l'exigence de la turpitude commune s'ajouta celle d'un paiement *effectué volontairement* ; si bien que le débiteur *turpis*, qui n'était pas en même temps à proprement parler un *solvens*, fut admis à répéter, à répéter par exemple ses billets pour obtenir sa libération : solution contraire à celle adoptée en Droit romain, violation de la maxime *Nemo auditur propriam turpitudinem allegans*, mais — dit-on —nécessité pratique. On trouve déjà cette exigence nouvelle dans Merlin (Question de Droit, v° « Cause des Obligations », §1, II), qui, après avoir exposé le mécanisme du système traditionnel, ajoute : « Mais dans un cas comme dans l'autre, si le paiement n'est pas encore effectué, il ne peut pas être exigé ; et le débiteur peut, comme lorsqu'il s'agit d'une obligation sans cause, revendiquer sa reconnaissance, ou en faire prononcer la nullité, avant même qu'on le poursuive ». Des deux arrêts à

consulter sur cette question — Cass. req., 2 février
1853 (S. 1853, 1, 428) et Cass. req. 24 janv. 1897
(S. 1898, 1, 309) — le dernier en date montre
que dans la doctrine de la Chambre des requêtes
(système traditionnel) la répétition est refusée
seulement lorsque le paiement a été volontaire et
que par suite le débiteur peut réclamer du créancier ou d'un tiers de mauvaise foi la restitution
non seulement de billets, mais encore de sommes
versées par lui en paiement, s'il a effectué le ver-
sement comme *contraint et forcé* (1). Nous voilà
bien loin de la théorie romaine des *Condictiones !*

Conclusion. — Il nous faut maintenant conclure
ou du moins donner une conclusion partielle. A
notre question générale [Que doit-il advenir au cas
de répétition d'une prestation faite en vertu d'une
cause illicite, lorsque la turpitude est commune
aux deux contractants?] nous pouvons déjà répondre en nous plaçant au point de vue du droit positif, de la *lex lata* ; nous sommes à même d'indiquer la solution qui nous paraît être celle du Code
civil.

---

1. « Attendu que, si le défendeur éventuel avait payé le mon-
tant des billets ci-dessus énoncés, ce n'était que comme contraint et forcé..., et sous la réserve de faire statuer sur sa
demande en nullité des billets ; qu'en condamnant la demande-
resse en cassation à restituer la somme qui lui avait été ainsi
payée par F..., l'arrêt attaqué n'a pu violer... »

On en a proposé successivement deux : la première consiste à écarter la répétition, à maintenir les choses en l'état où elles se trouvent au moment où l'action est intentée ; la seconde, à admettre la répétition, à remettre les choses en l'état où elles se trouvaient avant la convention illicite ou immorale. On fonde la première sur une tradition constante que notre Droit n'a peut-être pas explicitement abrogée (1) ; la seconde, sur des textes du Code qui semblent contenir une abrogation tacite de la solution antérieurement appliquée.

Or si l'on observe que le système traditionnel, né en Droit romain de l'existence d'actes juridiques abstraits que notre droit ne connaît pas, explicable seulement par des considérations tirées du jeu de principes qui ne sont plus les nôtres, est en opposition totale avec les principes admis par le Code civil en la matière ; que les partisans de ce système ont dû, pour le mettre d'accord avec les termes des articles 1131, 1235, 1376, restreindre le sens et le domaine d'application de ces textes, tandis que dans le système opposé les textes conservent une signification et une portée générales que suggèrent à la fois la lettre et l'esprit de la loi ; que l'intérêt social, tel qu'a pu l'envisager

1. Voir cep. la *Loi* du 30 ventôse de l'an XII, art. 7.

le législateur — c'est-à-dire dans ses exigences générales — trouve dans le système traditionnel une satisfaction moins complète que dans le système aujourd'hui triomphant ; qu'enfin ce dernier, basé sur des textes, est plus propre que l'autre à maintenir d'accord et dans le respect de la Loi la Doctrine et la Jurisprudence, que sollicitent de diverses manières les besoins de la pratique ; si, disons-nous, on tient compte de ces observations, il est impossible de ne pas regarder la *Restitutio in integrum* comme la sanction exacte et aussi la plus juridique à donner aux obligations illicites ou immorales.

Reste à voir si cette sanction est aussi la plus satisfaisante quant à l'équité, c'est-à-dire quant à la justice absolue qui peut ne pas être la justice du Code.

CHAPITRE V

Le Code civil et la Morale

[DE LA *lex ferenda*]

L'influence de la tradition, qui fut certainement
considérable, suffit-elle à expliquer la faveur dont
a joui si longtemps la maxime *Nemo auditur....*?
Nous ne le croyons pas. Si l'on considère les sub-
tilités de raisonnement auxquelles les défenseurs
de ce système ont dû recourir pour le mettre d'accord contre toute évidence aussi bien avec les
textes du Code qu'avec les exigences de l'intérêt
public, si l'on songe que ces défenseurs — malgré
qu'ils aient vu en dépit de tels efforts grossir lentement mais sans trêve le nombre de leurs adversaires
et les divisions affaiblir leur propre parti — ont
continué la lutte et que leur défaite est d'hier, on ne
peut s'empêcher de penser qu'ils avaient quelque
autre raison, disons mieux, qu'ils avaient sur certain point raison de croire à la supériorité de la
sanction traditionnelle.

Il reste encore un point de vue, duquel on peut

envisager la question générale qui fait l'objet de cette thèse : c'est celui de la Morale. Un tel examen ne saurait donner la solution cherchée, puisque cette dernière a trait à la *lex lata* et que, le Droit et la Morale constituant en principe deux domaines distincts et indépendants, l'interprétation de la loi doit reposer exclusivement sur des considérations juridiques. Aussi avons-nous pris parti sans tenir compte des exigences de la conscience. Mais des liens étroits unissent en fait la science du Droit, qui règle les rapports des hommes entre eux, à cette partie de la philosophie morale qui a le même objet : le Droit détermine et coordonne les préceptes moraux dont l'observation paraît nécessaire pour le bon fonctionnement des sociétés organisées et que par suite il rend obligatoires ; la Morale, inspiratrice première et principale du Droit, ne cesse d'agir sur lui en lui dictant celles de ses transformations qui répondent à l'évolution de la vie sociale interne. Dans ses rapports avec le Droit la Morale prend le nom d'équité ou de justice absolue ; et l'on sait aussi l'importance reconnue, le rôle donné à l'équité par les interprètes du Droit lorsque, voulant résoudre une question, ils ne trouvent pas dans la loi le texte dont ils diraient au besoin : *dura lex, sed lex.* Bref l'équité est à la fois source d'interprétation, de critique et de transformation.

Comparons donc en prenant l'équité pour criterium les sanctions données aux obligations illicites ou immorales. Cette étude, en même temps qu'elle nous révélera peut-être une raison nouvelle de la vogue du système traditionnel, nous enseignera s'il y a mieux à faire en notre hypothèse que ce qui a été proposé ou prescrit jusqu'alors.

I

APPRÉCIATION DE LA VALEUR MORALE DES SYSTÈMES APPLIQUÉS.

Deux appréciations successives s'imposent : d'abord celle des principes et de leurs conséquences juridiques (sanction de Droit) ; ensuite celle des résultats de fait (sanction de fait).

§ A. *Des principes et de leurs conséquences juridiques.* — Le principe du Code civil, c'est la nullité absolue de l'obligation sans cause, sur une fausse cause ou sur une cause illicite. Que le débiteur refuse d'exécuter son obligation ou répète le paiement qu'il en a fait lorsque la nullité provient du défaut de cause ou de l'erreur sur la cause, qu'il jouisse des mêmes droits si, la cause étant illicite, la turpitude ne se trouve que du côté du créancier, cette situation ne blesse en aucune façon l'équité : dans les trois cas le débiteur invoque un vice — absence de cause réelle et licite — dont il n'est pas responsable ; on ne saurait voir en lui l'ouvrier conscient et volontaire de la nullité. Mais voici qu'au créancier *turpis* s'oppose un débiteur également *turpis* et que ce dernier se prévaut de la nullité issue du caractère illicite de sa dette pour ne pas payer ou pour rentrer en possession de son bien : il paraît alors injuste de lui reconnaître ce pouvoir. Sans doute il reste vrai qu'en Droit la défense du débiteur ou la demande de ce même débiteur devenu *solvens* se base, non pas sur le fait de la turpitude, mais sur la nullité juridique qui en résulte. Cependant, s'il faut voir dans la loi pour ainsi dire la *cause* de la nullité, on est bien obligé de reconnaître que la turpitude en est le *motif*, c'est-à-dire la cause de cette cause, et qu'en fait la turpitude crée la nullité. Nous l'avons déjà dit : examinées sous l'angle de la turpitude — notion étrangère au Code civil, mais non à la Morale —, les défenses et demandes tant du débiteur que du créancier se présentent toutes dans notre hypothèse marquées d'infamie. Et, comme à présent nous laisons de côté les considérations de Droit pour envisager la situation du point de vue de l'équité, nous sommes choqués d'entendre le débiteur parler ainsi au créancier : l'espoir du gain me poussant à sacrifier le devoir à l'intérêt, j'ai fait avec vous un pacte dangereux ou odieux que la loi réprouve ou prohibe ; je me suis trompé sur les avantages pécuniaires de ce marché et, afin de ne pas l'exécuter ou d'obtenir son anéantissement, j'invoque aujourd'hui cette loi dont hier je faisais fi. Cette iniquité — car c'en est une — n'a pas plus échappé aux ennemis qu'aux partisans du système traditionnel ; ceux-là comme ceux-ci l'ont signalée. Dans la *Revue étrangère et française*, M. Duvergier écrit : « Au cas de répétition, les magistrats sont blessés de la déloyauté de celui qui, après avoir pris un engagement, cherche un prétexte pour s'y soustraire..... En résumé, il est impossible d'avoir de l'estime pour celui qui refuse de payer ce qu'il a promis, ou qui demande la restitution de ce qu'il a volontairement payé ». M. Bozérian [*Revue pratique de Droit français*] n'admet pas le système de la répétition parce que dans certains cas « le résultat en est monstrueux ».

Dans le système traditionnel le principe est que nul ne peut se faire un titre de sa propre turpitude : *nemo auditur propriam turpitudinem allegans* ; les auteurs qui l'ont adopté le présentaient comme une règle générale, comme un principe supérieur. Pourquoi ? Ce principe, dont on chercherait vainement l'énoncé dans la loi, que contredisent et abrogent manifestement plusieurs articles du Code civil, qui ne répond même pas

d'une manière satisfaisante aux exigences de l'intérêt social, aurait-il pu l'emporter si longtemps
sur le principe légal s'il n'avait eu pour soutien
que la tradition ? Eut-il triomphé grâce à la seule
autorité du Droit romain, qui l'appliquait à une
situation juridique répudiée par notre Droit ? Certes
non. Il dut en partie son succès à des considérations d'équité, différentes — il est vrai — des considérations du même genre auxquelles obéirent
les jurisconsultes romains, mais qui, s'ajoutant à
une tradition constante, lui donnèrent l'avantage.
Comme s'étaient modifiées ses conditions d'exercice, le sens de la règle romaine se modifia : on pen-
sait la traduire en disant que la turpitude fait perdre aux parties le droit de s'adresser aux tribunaux,
qu'un délit ne peut servir de base pour intenter une
action en justice, qu'il fallait fermer la porte du prétoire à ceux qui, après avoir outragé les bonnes
mœurs ou violé la loi, réclamaient le secours de cette
dernière afin de se dérober aux conséquences de leur
mauvaise action. On présumait les contractants
avertis du danger, comme si le législateur avait à leur
intention inséré dans son œuvre une peine ainsi
conçue : La conclusion d'un pacte prohibé ou
réprouvé entraîne pour les parties la privation du
droit d'invoquer en justice et le pacte et les dispositions légales qui l'annulent. L'exécution et l'annulation volontaires demeuraient toujours possibles,

mais jamais ni l'exécution forcée ne garantissait
le droit du créancier, ni l'annulation forcée ne
répondait aux regrets du débiteur. Pour s'être mis
hors la loi, les contractants étaient condamnés à y
rester. En pure équité et quant au principe qui lui
sert de base, cette sanction vaut mieux que celle
du Code. A deux parties également fautives le Code
fait des situations différentes : le créancier a tout
à perdre, le débiteur tout à gagner ; ici la sécurité,
là l'insécurité. N'est-il pas plus juste de refuser
aux deux parties — comme cela a lieu dans l'application du système traditionnel — le bénéfice d'une
loi que toutes deux ont méconnue, de les laisser
à la discrétion l'une de l'autre puisqu'elles ont
compté sur la bonne foi (?) l'une de l'autre, de
leur faire une même situation, aléatoire comme
est aléatoire leur accord ? Et n'est-ce pas cette
considération qui a poussé des auteurs à défendre
une tradition contraire à la loi et socialement
insuffisante? L'un tout au moins des partisans du
système traditionnel, M. Bozérian [*Revue pratique
de Droit français*] a soutenu ainsi son opinion :
« Si, dit-il en terminant son article sur la Répétition des sommes payées en exécution de marchés
à terme illicites, le système que je défends n'est
pas formellement autorisé, il est certain qu'il n'est
pas formellement prohibé ni par le Code, ni par
ses rédacteurs, cela me suffit pour adopter une

opinion qui me paraît plus conforme aux règles de l'équité ».

§ B. *Des résultats de fait.* — Mais la supériorité morale du système traditionnel sur le système légal, que vient de révéler l'analyse comparée des principes, disparaît dès que l'on fait porter la comparaison sur les résultats de fait des deux sanctions : elles se montrent alors aussi mauvaises l'une que l'autre.

Quand donc en effet le débiteur d'une obligation illicite refusera-t-il de l'exécuter ou répétera-t-il le paiement ? Sans doute lorsqu'il aura intérêt à agir ainsi. Pourquoi invoquerait-il la nullité de la convention qu'il n'a passée qu'en vue d'en tirer un bénéfice, si le bénéfice répond à son attente ? Alors qu'il n'avait encore que l'espoir du gain, sa conscience ne fut pas assez puissante pour l'écarter du mal. Aura-t-elle ce pouvoir si l'espoir devient réalité ? Evidemment non. D'où cette première conclusion : « Ne se prévaudra jamais du caractère illicite de la convention que celui qui, après l'avoir crue avantageuse, s'aperçoit de son erreur et veut revenir sur une mauvaise affaire ».

D'autre part cette affaire, mauvaise pour le débiteur, doit avoir tourné à l'avantage du créancier : dès l'instant que l'un y perd, l'autre y gagne. Quels vont être alors les résultats de fait qu'entraîne l'application de nos sanctions ? Ou bien le

débiteur, alléguant la nullité absolue de l'obligation illicite, refuse de l'exécuter ou obtient après le
paiement une *Restitutio in integrum* ; mais il
profite ainsi de sa turpitude pour rompre un
marché désavantageux, rescision qui ne peut en
principe avoir lieu si la convention est licite et
valable : la sanction légale qui permet au débiteur
d'éviter un dommage lui procure donc en définitive un bénéfice. Ou bien chaque contractant
repousse l'action qu'intente contre lui son co-con-
tractant, en invoquant la turpitude de la demande ;
mais, si c'est le débiteur actionné en paiement, le résultat est le même que celui produit
en pareil cas par l'application de la sanction légale,
et, si c'est le créancier actionné en restitution
ce dernier conserve le gain en vue duquel il
a commis l'acte illicite : la sanction traditionnelle aboutit donc soit à donner au débiteur un
avantage que n'a pas le débiteur d'une obligation
valable, soit à maintenir le créancier en possession de son gain illicite ou immoral. D'où cette
seconde conclusion : « Quelle que soit celle des
deux sanctions que l'on applique, il résulte toujours de la convention illicite un bénéfice pour
l'une des parties, bénéfice direct pour le créancier
qui retient le paiement, bénéfice indirect pour le
débiteur qui refuse de payer ou se fait restituer la
chose payée. Ce résultat, contraire à l'équité, suffit

à faire condamner l'une et l'autre sanction. Nous n'avons pas trouvé dans la doctrine ce reproche d'immoralité adressé à la sanction légale ; mais l'iniquité de la sanction traditionnelle appliquée au cas de répétition fut signalée aussi bien par les défenseurs que par les adversaires du principe *Nemo auditur*.... Pothier, au numéro 45 de son *Traité des obligations* écrit : « il est vrai qu'il est contre le droit naturel que quelqu'un soit récompensé de son crime et que le repentir, que doit avoir celui qui l'a commis, doit le porter à abdiquer la récompense qu'il a reçue ; mais cela ne forme qu'une obligation imparfaite telle que... ». Domat, dans un paragraphe que nous citons plus loin, fait la même remarque et en tire une conclusion intéressante dont nous ferons notre profit. Duvergier *Revue étrangère et française* se demande si l'on peut répondre au débiteur qui répète : « Vous avez concouru à une stipulation illicite ; il faut que vous en soyiez puni par la perte de votre chose ; en conséquence celui qui a contracté avec vous, qui s'est rendu coupable du même acte, s'enrichira à vos dépens ». Et l'auteur ajoute : « Cela n'est, je crois, ni juridique ni raisonnable ». Enfin — pour dire un mot de la jurisprudence — on lit dans un arrêt important de la Cour de Paris, 8 août 1853 (S. 1853,2,499), cet aveu : « Considérant... que, si des sommes ont été payées, elles demeurent la propriété du possesseur, quelque *honteux* que soit un pareil lucre... ».

Nous n'hésitons pas à affirmer que les sanctions données jusqu'à présent aux obligations illicites ou immorales sont insuffisantes et que la morale, l'équité, la justice absolue en réclament une autre.

Quelle serait donc, au cas où le Code recevrait sur ce point une modification, la sanction qu'il conviendrait d'adopter ?

II

LEX·FERENDA

La conclusion doctrinale du chapitre précédent hâte considérablement la solution de la question que nous venons de poser, car elle limite d'une façon précise le champ des investigations. D'une part en effet il ne suffit pas qu'une disposition légale puisse en certains cas [produire un résultat fâcheux pour que l'on modifie dans son ensemble la théorie juridique à laquelle elle se rattache — à supposer que cette dernière donne satisfaction quant au reste —. Si d'autre part on demande une modification partielle, encore faut-il que la disposition nouvelle ne rompe pas l'accord des principes admis en la matière, qu'elle fasse corps — et non pas tache — avec les dispositions qui l'entourent, enfin que, meilleure pour telle raison, elle ne soit pas pour telle autre raison plus importante pire que la disposition qu'elle remplace ou modifie.

Or, la sanction donnée par le Code aux obligations illicites ou immorales se rattache à un principe général qui domine toute la matière des contrats, à savoir la nécessité d'une cause réelle et licite pour l'existence de la convention ou, sous une autre forme, la nullité absolue de l'obligation sans cause, ou sur une fausse cause, ou sur une cause illicite. Comme nous ne nous proposons pas de faire la critique de la théorie de la cause, nous tenons ce principe pour satisfaisant. Il importe donc de trouver une sanction qui le sauvegarde, qui laisse par conséquent subsister le droit pour le débiteur de refuser et de répéter le paiement : c'est dire qu'il nous faut conserver intacte la sanction légale et la compléter conformément aux données de l'équité sans pour cela la modifier dans son principe. N'y eût-il que cette raison juridique de décider ainsi, qu'elle devrait l'emporter sur toute raison d'un autre ordre dictant une décision contraire.

Mais, ne l'oublions pas, la *Restitutio in integrum* est aussi celle des deux sanctions qui répond le mieux aux exigences de l'intérêt social : elle atteint le double but de la loi, d'abord en entraînant malgré tout et nécessairement l'insécurité complète du créancier que cette menace détourne de contracter, ensuite en aboutissant toujours à l'anéantissement total des effets produits par la convention et jugés pernicieux par le législateur. Raison de plus pour prendre la sanction légale comme point de départ, pour chercher l'amélioration, non pas dans un principe nouveau qui n'entraverait peut-être pas avec autant d'efficacité le développement des obligations illicites ou immorales, mais dans le principe du Code dont on augmenterait, s'il se peut, la valeur sociale en même temps que la valeur morale.

Si l'on considère alors que d'une part l'insécurité du créancier constitue le danger qui doit tenir les contractants éloignés du domaine illicite, que d'autre part la possibilité pour le débiteur d'éviter un dommage en rompant un marché désavantageux constitue l'iniquité contenue dans le système légal, on est naturellement porté à chercher l'amélioration de ce système dans une modification de la situation du débiteur qui n'atteigne pas celle du créancier. Et comme, aussi bien dans l'intérêt de la société que par respect pour la loi, il faut laisser au débiteur le droit de refuser et de répéter le paiement, le seul moyen d'empêcher ce droit de tourner à l'avantage de son titulaire serait de confisquer la chose litigieuse dont ce dernier prétendrait ne pas se dessaisir ou recouvrer la posses-

sion. Ainsi l'obligation illicite ou immorale ne
produirait aucun effet ; ainsi le créancier resterait
sous la menace d'acquérir en vain soit un droit,
soit une chose; ainsi enfin le débiteur, privé du
bénéfice de l'annulation et par suite détourné lui
aussi de contracter, ne tirerait pas de sa turpitude
un profit inique (*restitutio in integrum*). Cette
peine — car c'en serait une véritable — ne consti-
tuerait pas d'ailleurs une nouveauté même en
Droit français : on en trouve et l'idée et des cas
d'application dans notre ancien Droit. Il est vrai
que la confiscation complétait alors, pour la rendre plus conforme à l'équité, la sanction traditionnelle dont le principe diffère de celui de la
sanction légale. Mais, outre que dans la plupart
des hypothèses les deux sanctions donnent des
résultats identiques et que, par exemple, elles
blessent semblablement l'équité en laissant le
débiteur refuser de payer, pourquoi ne s'autori-
serait-on pas de ces précédents puisque la confiscation améliore le système du Code comme elle
améliorait le système romain ?

Déjà en Droit romain, la confiscation eut à
remplir la fonction que nous proposons de lui
attribuer. Il n'est même pas inutile de constater
que ce fut précisément dans une matière (donations entre époux unis par un mariage illicite) où,

comme nous l'avons signalé plus haut (1), le principe de la validité des actes abstraits recevait une exception véritable, où l'absence de cause licite entraînait la nullité absolue de l'opération juridique, où par conséquent le Droit romain donnait à l'obligation et à la tradition illicites la même sanction que leur donne le Code civil français. On lit en effet dans le Digeste [L. XXIV, t. I (*de donationibus inter virum et uxorem*), loi 32, § 28] la solution suivante : « *Sed si senator libertinam desponderit vel tutor pupillam vel quis alius ex his, qui matrimonium copulare prohibentur, et duxerit, an donatio quasi in sponsalibus facta valeat? et putem etiam sponsalia improbanda et quasi ab indignis ea quæ donata sunt ablata fisco vindicari* » ; et au Code [L. V, t. V (*de incestis et inutilibus nuptiis*), const. 4] cette sanction : « *Qui contra legum præcepta vel contra mandata constitutionesque principum nuptias forte contraxerit, nihil ex eodem matrimonio, sive ante nuptias donatum, sive deinceps quoquo modo datum fuerit, consequatur, idque totum, quod ab alterius liberalitate in alterum processerit, ut indigno indignæve sublatum, fisco vindicari sancimus...* »

Dans l'ancien Droit français, la confiscation fut

1. Voir Chapitre II, section I, § B.

enseignée par Domat comme étant le complément équitable de la sanction *Nemo auditur...* ; dans ses *Lois civiles dans leur ordre naturel* [L. I, t. XVIII, sect. IV, n° 5] on lit : « ....celui qui a donné est justement dépouillé de ce qu'il avait employé pour un tel commerce et il ne peut le répéter. Et celui qui a reçu ne peut profiter du prix de son crime ; mais l'un et l'autre seront punis *par les restitutions* et les autres peines qu'ils pourront mériter » (1). Pas plus de nos jours que de son temps l'intention de Domat n'a été généralement bien comprise : si Demolombe, tout en signalant dans la solution de cet auteur quelques contradictions, ajoute qu'il faut y voir la lutte de la raison et de la justice contre l'empire de la tradition, il paraît néanmoins ne pas distinguer assez nettement la sanction dont parle Domat, et qui n'est que la sanction traditionnelle complétée par la confiscation, de la sanction du Code; quant à M. Dubois qui, partisan de l'application de la maxime romaine, eût dû tenir compte de la théorie de Domat — quitte à la repousser par des arguments —, il l'estime trop obscure pour qu'il s'y arrête. La pensée de l'ancien auteur nous paraît pourtant facile à saisir, et nous croyons que l'annotateur de Domat, Berroyer, l'a fidèlement exprimé dans la note *g*, sous le fragment

1. Voir en outre : Domat. *Lois civiles dans leur ordre naturel*, l. II, t. VII, sect II, art. 4.

cité plus haut : « On ne met pas dans cet article, dit Berroyer, ce qui est dit dans quelques lois, que dans le cas où la convention est illicite de part et d'autre, la condition de celui qui a reçu est meilleure que celle de celui qui a donné ; ce qui signifie qu'on ne lui fait pas rendre ce qu'il a reçu et qu'en ce sens sa condition est plus avantageuse.... Ce n'est pas la justice et la raison qui rendent sa condition meilleure ; il est au contraire de la raison et de la justice qu'il soit puni, non seulement *de la privation d'un tel gain*, mais des autres peines qu'il peut avoir méritées. Et aussi voit-on dans le même Droit romain où se trouvent ces lois que dans une autre il est dit que ceux qui reçoivent de l'argent pour faire à quelqu'un une chicane, un procès ou une accusation, ou pour n'en pas faire, sont condamnés au quadruple ». Domat jugeait inique la situation du créancier *turpis* qui, repoussant en vertu de la maxime *Nemo auditur...* l'action en répétition du débiteur profite — comme il dit — du prix de son crime ; aussi enseignait-il qu'on devait le punir par la privation d'un tel gain. Cette sanction, plus équitable que la pure sanction traditionnelle, ne resta pas étrangère à la juriprudence du Parlement de Paris : un document nous la montre appliquée. Et, s'il faut en croire un second, ce cas ne se présenterait pas isolé dans l'ancien Droit. Le premier de ces documents

met en cause Beaumarchais. Cet écrivain, afin de
hâter le jugement d'un procès par lequel sa fortune
pouvait être sérieusement compromise, convint
avec la femme d'un conseiller au Parlement
(M. Goëzman) que, moyennant le paiement d'une
somme d'argent, elle lui procurerait une audience
de son mari. A la suite de circonstances qu'il n'est
pas indispensable pour nous de connaître (1),
Baumarchais réclama en justice de madame Goëzman la restitution de quinze louis. Nouveau procès à la fin duquel intervient un jugement que
Grimm résume en ces termes : «... par cet arrêt
M. Goëzman est mis hors de cours (et tout juge
mis hors de cours dans une affaire criminelle
devient, par là même, incapable d'exercer à l'avenir aucune charge de judicature). Madame Goëzman est condamnée au blâme *et à la restitution
des quinze louis pour être appliqués aux pauvres* : en outre à trois livres d'amende. M. de Beaumarchais est condamné pareillement au blâme et
à trois livres d'amende (2) ». Dans cet espèce,
comme dans l'hypothèse prévue par Domat, la
confiscation frappait un créancier payé. Dans la
seconde, rapportée par Diderot (3), elle aurait été

1. Beaumarchais en a fait lui-même un récit étincelant dans
son *Mémoire* contre Goezman...

2. Voir *Mémoires de Beaumarchais*, édition de la Bibliothèque
Nationale, tome I, page 7.

3. Voir *Le neveu de Rameau*, édition de la Bibliothèque
Nationale, pages 139 et 140.

prononcée contre un débiteur qui refusait de payer une lettre de change dont la cause était immorale de part et d'autre : créancier et débiteur, écrit cet auteur, « furent blâmés tous les deux, et le débiteur *condamné à payer la lettre de change, dont la valeur fut appliquée au soulagement des pauvres* ». Enfin on trouverait — nous a-t-il été affirmé — dans l'œuvre de d'Aguesseau la confiscation au profit des pauvres indiquée comme étant en morale pure la seule sanction possible à donner aux conventions illicites ou immorales.

Que dans l'ancien Droit la confiscation de la chose litigieuse — peine que n'impliquait en aucune façon le système traditionnel alors en vigueur — ait pu être enseignée et pratiquée concurremment avec la maxime *Nemo auditur..*, rien de surprenant à cela : le Droit coutumier permet ces innovations locales, émanées d'une initiative individuelle, auteur ou tribunal, et dont — à supposer qu'elles donnent des résultats satisfaisants — la reconnaissance se généralise peu à peu ; et, si la liberté dans l'application du Droit admise avant le Code civil dégénéra assez souvent en licence pour faire dire au peuple « délivrez-nous de l'équité des parlements », il reste vrai — nous en voyons une preuve en notre matière — qu'elle facilitait également l'adoption d'améliorations véritables. Que, depuis le Code et en présence d'un Droit promulgué, les partisans du système traditionnel aient laissé de côté ce complément équitable de la sanction qu'ils défendaient, la chose va de soi. Que d'adresse il leur fallait déjà dépenser pour introduire la pure solution romaine dans un Droit exprès qui n'y fait aucune allusion, pour concilier leur prétendu principe général avec des textes obligatoires, sacrés, auxquels le législateur seul a le droit de toucher et qui se prêtaient mal à ce qu'on exigeait d'eux ! Allaient-ils préconiser en outre l'application d'une peine que la loi ignore et qui ne se présentait pas avec le même caractère traditionnel ? Mais que, mis en éveil par l'étonnante vitalité, la résistance désespérée d'une doctrine inadmissible enfin abandonnée, toujours sollicités par une jurisprudence obstinée et contradictoire, guidés par des considérations d'équité, les juristes du temps présent ou de l'avenir demandent au législateur de modifier la loi sur ce point, de donner aux obligations illicites ou immorales une sanction qui, aux avantages incontestables de la sanction légale, ajoute celui d'être à la fois plus complète, plus efficace et plus morale, il faut s'y attendre. Et puisqu'il en est une, connue même des Romains, qui offre cette supériorité, pourquoi ne pas l'adopter ?

Qu'on le remarque ! La confiscation n'est pas une sanction particulière, basée sur un principe propre et différent de ceux admis jusqu'alors : elle est le complément indispensable de toute sanction de principe applicable aux obligations qui nous occupent. Avec la théorie actuelle du Code, avec le principe de nullité absolue, elle épurerait ce principe de ce qu'il contient de choquant — à savoir la possibilité pour le débiteur de dire impunément au créancier : je ne vous paierai pas, ou encore : restituez-moi la chose payée — ; et elle fait disparaître l'avantage inique que le débiteur tire de cette nullité absolue. Que notre Droit revienne un jour à la promesse abstraite, à la théorie de l'enrichissement sans cause en matière d'obligation, c'est encore la confiscation qui perfectionnera la sanction traditionnelle dès lors restaurée ; car par elle seule celui des contractants qui invoquerait la maxime *Nemo auditur...* serait privé du bénéfice que sa turpitude pourrait lui procurer.

Aussi nous croyons nous en droit de donner cette conclusion, qui constitue la proposition essentielle de notre thèse : Quels que soient le sort que l'on fasse aux obligations illicites ou immorales et la sanction qu'on leur inflige, cette dernière restera incomplète tant que la partie, qui se prévaut d'un vice juridique à elle imputable, demeurera ou rentrera en possession de la chose due ou payée. La sanction civile ne sera moralement satisfaisante et ne frappera efficacement les conventions repréhensibles que le jour où on la fortifiera, pour le cas de turpitude commune, par l'adjonction toujours possible d'une sanction pénale, la confiscation de la chose litigieuse.

CHAPITRE VI

Le Code civil et la Pratique.

[JURISPRUDENCE]

Tandis que le principe légal applicable au cas de répétition d'une prestation illicite ou immorale par un débiteur *turpis* ne fait plus question en doctrine, la jurisprudence ne paraît pas encore fixée définitivement sur ce point de Droit. S'il est beaucoup d'espèces et des plus importantes au sujet desquelles, les tribunaux accordant la répétition du paiement, on peut — comme le dit M. Meynial d'une manière générale — « considérer la maxime romaine comme ayant vécu », il s'en trouve d'autres et non des moindres auxquelles, plus ou moins sévèrement sans doute, ils continuent d'appliquer la règle *Nemo audi-tur*... Quelles considérations ont conduit la jurisprudence à rejeter dans la plupart des cas le système traditionnel ? Pourquoi ne l'a-t-elle pas abandonné complètement ? Quel enseignement législatif découle de l'examen critique des décisions judiciaires ? A ces questions on ne saurait répondre qu'en conclusion d'une étude sur l'évolution de la jurisprudence dans chacune des espèces — étude que nous ferons (1) —. Mais il reste une question qui présente pour nous un intérêt considérable, qu'il y a tout avantage à rapprocher de nos conclusions doctrinales, et dont précisément la solution peut être donnée sans qu'il soit besoin de déterminer auparavant l'influence des préoccupations pratiques sur la marche de la jurisprudence : savoir comment en droit les tribunaux ont défendu l'application de tel ou tel système, quels arguments juridiques ils ont fait valoir à l'appui de leurs décisions.

1. Cette étude fait l'objet de la note de M. Ed. Meynial (S. 1890, 2, 97). Si elle ne rentrait pas nécessairement dans le cadre de notre thèse, nous nous bornerions à renvoyer à cet auteur qui, aussi clair et complet que bref, a montré « comment des préoccupations pratiques ont conduit la jurisprudence à faire échec à la théorie romaine dans un nombre de cas de plus en plus grand, jusqu'au jour où elle semble l'avoir définitivement rejetée ». Il nous resterait pourtant à rechercher pourquoi c'est « peu à peu, à propos de chaque cas particulier», et seulement après avoir « fait l'expérience de l'insuffisance pratique de la prohibition romaine », que la jurisprudence est venue à la sanction légale. M. Meynial, qui de parti pris négligeait d'établir « dogmatiquement quelle règle doit être adoptée dans notre Droit sur ce point », ne s'est préoccupé ni des causes de cet attachement durable à un principe étranger au Code civil, ni de l'enseignement à tirer de la connaissance de ces causes. Ce sont ces questions qui plus spécialement retiendront notre attention.

Nous observerons donc la jurisprudence d'abord du point de vue théorique, guidés dans le commentaire des arrêts de principe par notre précédente étude dogmatique, et ensuite du point de vue pratique, recherchant la part des faits dans l'application du Droit.

I

DES ARRÊTS DE PRINCIPE

Toutes les fois qu'à l'occasion d'une répétition de paiement et en présence d'un *solvens turpis* un tribunal s'est demandé quelle sanction la loi donne aux obligations illicites ou immorales, ou surtout qu'avant d'appliquer l'un des deux principes opposés il a cru nécessaire de justifier son choix, sa décision s'est trouvée contenir l'exposé plus ou moins complet du système adopté. Il importe de connaître ceux des arguments dont le poids a fait pencher la balance, et de savoir si la jurisprudence n'en a pas fait valoir que la doctrine aurait ignorés : l'examen des « attendus » et des « considérants » dogmatiques va nous renseigner à ce sujet.

Parmi les nombreuses décisions de principe relatives à notre matière (1), quatre sont à retenir,

1. *Adoptent la sanction traditionnelle :* Orléans, 8 févr., 1844 (P. 1844, 1, 452) ; Trib. civ. de Limoges, 27 févr. 1844

dont deux appliquent la règle romaine et deux la considèrent comme abrogée ; la discussion y est d'égale importance, mais deux ont, de par leurs dates, une valeur supérieure. Ces dernières sont :

1° L'arrêt de la Cour de Limoges rendu le 16 avril 1845 sur appel d'un jugement du tribunal civil de la même ville du 27 février 1844 (1), et qui porte : « Attendu que C.... a été déclaré non rece-

(S. 1846, 2, 465) ; Cass.-req., 1ᵉʳ août 1844 (S. 1844, 1, 584) ; Cass.-req., 11 août 1845 (S. 1845, 1, 643) ; Paris, 8 août 1853 S. 1853, 2, 499) ; Paris, 4 févr. 1854 (S. 1854, 2, 148) ; Trib., de comm. de la Seine, 16 avril 1862, sous Cass.-req. 29 juin 1863 (S. 1863, 1, 493) ; Cass.-req., 16 août 1864 (S. 1865, 1, 23) ; Cass.-req., 29 juillet 1874 (S. 1875, 2, 298) ; Toulouse, 28 avr. 1880 (S. 1882, 2, 222) ; Douai, 24 oct. 1887 (P. 1890) 1, 573) ; Nice, 20 mai 1889 (*Gaz. des Trib.*, 6 juillet 1889) ; Nancy, 2 janv. 1893 (S. 1894, 2, 206) ; Trib. civ. de Beauvais, 3 nov. 1898 (*Gaz. du Pal.* 1898, 2ᵉ sem., p. 499). — *Adoptent la solution opposée* : [Cass. civ., 30 juill. 1844 (S. 1844, 1, 582) ; Limoges, 16 avril 1845 (S. 1846, 2, 465) ; Cass.-crim., 5 janv. 1846 (S. 1846, 1, 116) ; Cass.-civ., 11 févr. 1884 (S. 1884, 1, 265) ; Cass.-civ., 25 janv. 1887 (S. 1887, 1, 224) ; Caen, 18 janv. 1888 S. 1890, 2, 97) ; Besançon, 6 mars 1895 (S. 1895, 2, 196) ; Trib. comm. Seine, 13 déc. 1897 (*Droit*, 30 janv. 1898).

1. Ce jugement fait partie des quatre décisions dont nous recommandons l'étude ; mais nous nous dispensons d'en reproduire les termes, parce que l'exposé, qu'il contient, du système traditionnel est loin de valoir celui que renferme l'arrêt de la Cour de Caen du 29 juillet 1874 transcrit dans le texte ci-dessus (page 120, 2°). Il en est de même pour l'arrêt de la chambre civile de la Cour de Cassation du 25 janvier 1887, qui ne présente pas, soit quant à la date, soit quant aux termes, autant d'intérêt que l'arrêt de la Cour de Limoges.

vable àréclamer ce qui a été payé par le motif qu'il n'est pas permis d'exciper de sa propre turpitude ; — Attendu que, s'il est vrai que la législation romaine déniât l'action en répétition à celui qui avait payé le prix d'un crime ou d'un délit, ce n'était pas pour favoriser l'exécution du crime ; loin de là........ ; — Mais attendu que, *s'il est utile de consulter la législation romaine comme raison écrite, néanmoins ce n'est que dans notre Droit civil qu'il faut chercher les raisons de décider et les principes à appliquer ;* — Attendu que le législateur a prohibé tout ce qui est contraire à la loi, aux bonnes mœurs, à l'ordre public ; — Attendu qu'un pacte fondé sur la perpétration d'un délit est frappé d'une nullité viscérale et intrinsèque qui ne lui a laissé aucun moment d'existence, et que, par conséquent, il n'a pas été susceptible d'exécution et n'a pu produire dans aucune hypothèse ni droit, ni obligation naturelle ; — Ce pacte ainsi mis à l'écart, que reste-t-il ? Un fait isolé, le paiement d'une somme qui n'était pas due, et qu'on ne pouvait réclamer à aucun titre ; paiement, dès lors, qui, ne pouvant conférer aucun droit, donne ouverture à l'action *Condictio indebiti*, et *rend dès lors applicables les art. 1235 et 1376 ;* — Attendu qu'il n'y a d'exception à cette règle que pour la dette de jeu, ou lorsqu'il y a une obligation naturelle ; — Que, s'il eût été dans la pensée du législateur de créer aussi une exception pour le cas qui nous occupe, *il n'aurait pas manqué de le faire, surtout au point de vue de l'ancienne législation, et son silence, à cet égard, annonce suffisamment qu'il s'en réfère au droit commun établi par le Code civil;* ..... Attendu que, pour maintenir un pareil paiement, on serait conduit à la choquante inconséquence de supposer que « le Droit civil, qui prohibe le contrat, se prêterait en même temps à en protéger l'exécution » ; Attendu qu'il est plus rationnel et plus moral d'anéantir complètement tout ce qui se rattache au traité, afin qu'aucun de ceux qui y ont pris part ne puisse s'enrichir ; que les choses rentrent dans l'état normal où elles auraient dû rester, et que cet exemple salutaire préserve désormais l'ordre public de pareilles atteintes...... ».

2° L'arrêt de la Cour de Caen, du 29 juillet 1874, dans lequel on lit : « Attendu, en droit, qu'aux termes des art. 1131 et 1133 et 6 C. civ. les conventions contraires aux bonnes mœurs sont absolument nulles, qu'elles entachent de turpitude ceux qui les concluent, et que ces derniers sont indignes d'être écoutés par la justice, soit qu'ils se présentent devant elle pour en obtenir l'exécution ou la réalisation, soit qu'ils réclament des restitutions ou répétitions de sommes versées ou d'objets mobi-

liers (1) ; — Que dans tous les cas de turpitude commune à chacune des parties contractantes il s'élève
contre leurs demandes respectives une fin de non
recevoir d'ordre public, au moyen de laquelle les
tribunaux doivent les repousser d'office, par application de la maxime *Nemo suam turpitudinem
allegans auditur* ; — Qu'il serait en effet *aussi
contraire à la morale* qu'à la dignité de la magistrature que celle-ci laissât, en matière civile, dis-
cuter dans son prétoire sur le sens, la portée et
les effets des pactes honteux que la conscience
publique flétrit, et qu'elle intervînt ainsi entre des
individus auxquels la justice ne doit aucune protection ; — Qu'au contraire, en refusant à chacun
de ceux qui ont participé à de pareilles conventions
tout accès devant les tribunaux à l'effet d'obtenir
quoi que ce soit, exécution, résiliation ou répétition, on les livre à la discrétion l'un de l'autre ; on
les abandonne sans aucun recours aux conséquences de leur déloyauté réciproque ; on leur
enlève toute sécurité et on arrête ainsi par crainte
de pertes pécuniaires la plupart de ceux qui seraient
tentés de former de semblables contrats ; — ....
Qu'en effet les articles 1235, 1376 et suivants ne
régissent pas le cas où il y a turpitude de la part
de celui qui a payé ; que telle était sur ce point la

1. En droit,...??

solution du Droit romain et de l'ancienne jurisprudence attestée par Pothier ; que les rédacteurs du Code civil n'y ont pas dérogé, mais qu'ils ont voulu, comme les précédents législateurs, subvenir à l'erreur et non à la turpitude, d'où il suit que la demande en restitution de mobilier doit être écartée.... ».

Dans ces deux arrêts, comme aussi dans le jugement du Tribunal civil de Limoges du 27 février 1844 et dans l'arrêt de la Cour de Cassation (ch. civ.) du 25 janvier 1887, se trouvent, tels que nous les avons présentés, les arguments invoqués en faveur de l'un ou de l'autre système : d'une part il est dit — et nous ne croyons pas avoir trop insisté sur cette idée — qu'en appliquant la maxime romaine on « *méconnaît les conséquences juridiques de la nullité des conventions* » ; de l'autre on met en avant — et le système traditionnel repose sur cette considération — l' « *impossibilité, fondée sur un principe universel de justice et de morale, de recevoir en justice une action dans laquelle le demandeur excipe de sa culpabilité, se fonde sur son propre délit et offre de le justifier* ». En revanche aucune des décisions reproduites, citées ou lues par nous, ne fournit une raison nouvelle d'adopter telle solution plutôt que telle autre.

Mais les données de la jurisprudence prennent de la valeur et viennent consolider l'édifice dogmatique qui nous occupe, dès que l'on y cherche, non plus la solution du problème relatif à la *lex lata*, mais des indications pouvant conduire à la *lex ferenda* ; elles en disent alors plus long que les dissertations doctrinales. Il est remarquer en effet que la sanction aboutissant à l'*in integrum restitutio* — unanimement enseignée par les auteurs contemporains — se présentait devant les tribunaux aussi complètement armée au début de la controverse qu'à la fin ; que tous les pourvois opposés à des sentences qui appliquaient la sanction romaine ont invoqué ces mêmes arguments de principe, de texte et d'intérêt général victorieux aujourd'hui ; qu'en 1844 la chambre civile de la Cour de Cassation (30 juillet) et en 1846 la chambre criminelle (5 janvier) décidaient, motivant déjà leur opinion comme elles la motivent de nos jours, que la loi autorise la répétition du paiement fait en exécution d'une obligation illicite ou immorale ; et enfin que l'arrêt où se trouvent et le meilleur exposé de notre système et la critique la plus juste du système traditionnel — aucun auteur n'a mieux raisonné — date de 1845 (16 avril, Limoges). A remarquer cependant que, malgré ces efforts identiques et répétés pour amener la jurisprudence à une juste application de la loi, la chambre des requêtes de la Cour de Cassation et la majorité des Cours et Tribunaux sont longtemps demeurées fidèles à la règle romaine ; qu'encore en certaines matières on voit les contractants *turpes* exclus du prétoire et maintenus dans l'*Uti possidetis* ; qu'enfin parmi les arrêts qui ont examiné en droit la valeur de la maxime *Nemo auditur*..... et admis cette fin de non recevoir d'ordre public comme sanction légale, le plus affirmatif et complet à la fois date de 1874 (Caen, 27 juillet) — c'est-à-dire de l'époque à laquelle commence dans la doctrine le déclin du système traditionnel. L'explication de cet état de choses — si, comme nous l'estimons, l'autorité de la tradition, pourtant plus grande sur la jurisprudence que sur la doctrime, ne satisfait pas — doit se lire dans les arrêts favorables à la règle romaine. Il suffit de trouver l'argument invariable, qui revient dans toutes les décisions de principe, occupe la première place s'il y en a d'autres, et dont enfin la mise en valeur paraît l'unique souci des magistrats ; s'il en est un semblable, on peut le prendre comme une des raisons, sinon comme la raison principale, du crédit de la sanction traditionnelle.

Or ces arrêts, aussi bien ceux qui posent et discutent la question de Droit que ceux qui la considèrent comme tranchée, révèlent chez leurs auteurs un même sentiment, la répugnance à admettre que « *le complice d'un acte que la loi réprouve puisse trouver dans cet acte le principe d'une action en réparation des dommages-intérêts qu'il lui a causés* » (1) : c'est le sentiment de l'iniquité — signalée dans notre précédent chapitre — que renferment et le principe et les résultats de fait du système de la *Restitutio*. Ce sentiment général nous paraît même être en jurisprudence l'argument dominant de l'opinion traditionnelle : les tribunaux en effet, bien que leur rôle consiste à appliquer strictement la loi, cette dernière fût-elle inique (*Dura lex, sed lex*), ont rarement manqué de présenter le refus d'action comme dicté non seulement par la loi (?), mais encore par la justice absolue, l'équité, la morale (2) ; et ce sont visiblement les considérations morales qui ont fait pencher la balance. Serait-ce aller trop loin que de voir en elles l'unique raison du succès pratique de la règle romaine, de penser que la jurisprudence leur a sciemment et volontairement sacrifié l'application logique des principes du Code ? Nous ne croyons pas. Comment en effet expliquer autre-

1. Cass.-req., 16 août 1864. Comparer : Trib. civ. de Lim-o ges, 27 fév. 1844 [« Impossible de recevoir en justice une action... principe universel de justice et de morale... »]. — Trib. de Com. de la Seine, 16 av. 1862 [« impossible, comme blessant à la fois la loi et l'équité... »]. — Cour de Caen, 29 juill. 1874 [«... aussi contraire à la morale qu'à la dignité de la magistrature... »]. — Cour sup. de Luxembourg, 17 déc. 1897 [«... ce qui ne serait pas admissible »].

1. Voir Cass.-req., 16 août 1864 [« Attendu qu'en effet la loi, d'accord avec la morale, résiste à cette supposition que... »], et les décisions citées à la suite dans la note ci-dessus.

ment que, parmi les arrêts invoquant les articles 1131 et 1133 pour décider qu'« *aucune action utile ne peut se fonder sur des conventions qui sont entachées d'un vice radical et absolu* » (1) — ce qui ne va pas de soi —, il s'en trouve à peine deux où soit tentée la conciliation de la maxime *Nemo auditur* avec le principe de nullité absolue et les textes qui le consacrent, et que les autres affirment sans preuves l'accord de la loi et de la morale ? Si les magistrats partisans de la sanction traditionnelle évitaient de répondre par des arguments à l'argumentation invariable de tous les arrêts qui ont rejeté la fin de non recevoir romaine — « *ce qui est payé en exécution d'une convention nulle comme n'ayant pas de cause ou ayant une cause illicite, n'est pas dû, et est, dès lors, sujet à répétition* » (2) — ce ne peut être, se sentant vaincus d'avance sur le terrain juridique et désireux pourtant de conserver une position qu'ils jugeaient plus équitable, qu'afin de ne pas compromettre cette dernière en en laissant percer l'illégalité. Seulement ils nommaient la loi pour sauver les apparences. Encore tous n'ont-ils pas pris cette précaution : un arrêt récent s'appuie, en apparence comme en réalité, sur la seule tradition. En réponse à l'appel interjeté contre une application

1. Trib. civ. de Beauvais, 3 nov. 1898.
2. Cass.-civ., 11 février 1884.

de la maxime *Nemo auditur...* et dans lequel
l'appelant invoquait les dispositions des articles
1133, 1235, 1376 et 1377, C. civ., la Cour de Nancy
(2 janvier 1893) s'est contentée de faire observer
« *qu'une jurisprudence imposante a décidé
que... ; que de nombreux auteurs admettent
que... ; que la Cour de cassation, dans un arrêt
du 15 décembre 1873 (S. 1874, 1, 241) a décidé
que... ; que spécialement et par un arrêt plus
récent du 8 juin 1891 (S. 1892, 1, 439)... elle a
jugé que...* » : c'est sans interroger la loi qu'elle
confirmait un jugement attaqué pour fausse application de la loi, et cela à une époque où la maxime
romaine, complètement abandonnée par la doctrine, ne conservait plus en jurisprudence qu'une
partie très restreinte de son domaine primitif (1).

En résumé, que la jurisprudence ait cru ou non
à la légalité de la sanction traditionnelle, ce qui,
selon nous, a formé sa conviction ou dicté sa tactique, c'est la considération purement morale de
la situation juridique qui nous occupe, c'est le
sentiment que « *l'impossibilité d'agir est la juste
peine de la violation volontaire des lois par les
parties* » (2). Par conséquent nous donnons à
notre étude de la jurisprudence cette première

1. Comp. Orléans, 8 février 1844 : « selon cette maxime du
droit romain passée dans notre jurisprudence » [1re espèce].
2. Paris, 4 février 1854.

conclusion : C'est parce qu'au cas de turpitude commune le principe légal de la nullité absolue des obligations illicites blesse manifestement l'équité en permettant au débiteur de se faire remettre dans la même situation que s'il ne s'était pas obligé [*restitutio in integrum*], sans d'ailleurs lui faire expier d'aucune manière sa faute ; c'est parce qu'au même cas et tout en donnant, dans l'application, des résultats aussi peu satisfaisants que ceux du principe légal, le principe traditionnel se présente comme plus conforme à la morale en ce qu'il prive les deux contractants du droit de se prévaloir en justice sous forme d'action de leur commune faute [*uti possidetis*] ; c'est en un mot par l'effet de considérations morales que la jurisprudence est demeurée si obstinément attachée au système du refus d'action, ne l'a abandonné que peu à peu et l'applique encore à certaines espèces.

II

DE LA PART DES FAITS DANS L'APPLICATION DU DROIT

Parmi les nombreuses conventions présentant un caractère illicite ou immoral, dans lesquelles les deux parties jouent un rôle répréhensible ou odieux, des distinctions sont à faire et des éliminations s'imposent.

Ne rentrent dans notre sujet, ni la question
— que nous supposons tranchée — de savoir si
telle convention est licite, morale, ou ne l'est pas (1),
ni les difficultés qu'à propos de la question précédente soulève la notion de cause : nous ne consa-
crerons donc d'étude spéciale qu'aux cas pratiques
— et seulement aux principaux, aux plus classi-
ques — où tout le monde s'accorde à voir une
cause et une cause illicite, à l'occasion desquels la
controverse porte exclusivement sur la sanction à
donner ; si nous parlons de l'élargissement de la
notion de cause, ce sera d'une manière incidente
et générale.

Comment classer les différentes hypothèses dans
lesquelles le caractère illicite (*lato sensu*) de la
cause est évident ? Faut-il suivre M. Meynial et
distinguer « selon que c'est le paiement ou l'acte
payé qui nuit à la société » ? Cette opposition
— seul essai de classification dont nous ayons connaissance — peut assurément servir de point de
départ puisque, comme le fait remarquer le savant
auteur, la jurisprudence paraît, en accordant au
cas de paiement nuisible une restitution qu'elle
refuse au cas d'acte nuisible, la prendre pour criterium. Mais nous croyons devoir la préciser. En
frappant de nullité absolue l'obligation sur cause

1. Voir : Baudry-Lacantinerie et Barde, *Obligations*, t. I,
n°s 310-316.

illicite, la loi atteint deux catégories de conventions. Elle atteint d'une part celles qui sont absolument mauvaises, mauvaises en elles-mêmes,
toujours telles, quels que soient les individus qui
y participent et les circonstances qui entourent
l'accord conventionnel : par exemple, la vente
d'une maison de tolérance, la promesse d'une
somme d'argent pour obtenir la continuation de
relations de concubinage, la création et la mise
en circulation d'effets de complaisance. On ne saurait imaginer une hypothèse dans laquelle l'une
de ces conventions — exploiter la prostitution,
faire d'une liaison irrégulière l'objet d'un marché,
chercher à tromper les tiers par un crédit imaginaire — n'impliquerait pas une fin immorale. Et
ce qui les rend telles, ce qui les fait par suite tomber comme contraires aux bonnes mœurs ou à
l'ordre public sous le coup de l'article 1131, c'est
— raison suffisante — le seul but visé, la pure
intention ; aussi la société, qui a intérêt à annuler
les conventions de cette catégorie, n'est-elle pas
particulièrement sollicitée de remettre l'un quelconque des contractants dans la situation où il se
trouvait avant d'avoir traité. La loi atteint, d'autre part, des conventions qui ne sont mauvaises
que relativement, à raison de la participation de
tel individu, à raison de circonstances accidentel-
les : par exemple la contre-lettre augmentant le

prix ostensible d'un office ministériel, la cession
d'une part d'office ministériel, la négociation de
valeurs cotées effectuée par l'intermédiaire d'un
coulissier. Prises en elles-mêmes, considérées seulement quant à l'intention des parties, ces conventions sont admissibles et admises : modifier par
un acte destiné à demeurer secret le contenu d'un
acte ostensible mérite si peu le blâme que le Code
civil règle les effets de cette simulation dans
l'article 1321, et lors même que de la contre-lettre résulterait pour les parties un avantage
frauduleux la convention qu'elle exprime reste
valable si elle remplit les conditions de l'article
1108 ; de même on ne saurait trouver à redire
à la mise en société des opérations civiles ou
commerciales, non plus qu'au trafic de valeurs
par l'entremise d'un tiers — cas prévus et réglés
par la loi —. Mais les conventions de ce genre
peuvent présenter des inconvénients quand elles
sont faites dans certaines conditions : si nous
reprenons nos exemples, nous voyons que, dans
les deux premiers cas, le fait que la convention
porte sur un office ministériel, et dans le dernier
cas le défaut d'intervention d'un officier ministériel constituent le danger et rendent l'accord illicite ; aussi la société est-elle intéressée non seulement à annuler ces conventions, mais encore à les
annuler de telle manière que ce danger spécial

— qui ne saurait avoir trait qu'aux conséquences de l'exécution — se trouve écarté. On voit que la distinction établie par M. Meynial parmi les hypothèses pratiques suivant que la question d'exécution importe ou n'importe pas à l'ordre public (1) correspond et se rattache à celle, tirée non plus du résultat social des conventions, mais de leur valeur abstraite, qui oppose les conventions relativement mauvaises aux conventions mauvaises absolument. Et cette opposition trouve, selon nous, son expression dans le Code (art. 1133) où il est question de la cause prohibée par la loi (illicite, *stricto sensu*) et de la cause contraire aux bonnes mœurs ou à l'ordre public (immorale, *lato sensu*) : au premier cas l'intervention de la loi est nécessaire pour déterminer le caractère répréhensible de la convention et ce sont les parties qui vicient cette dernière ; au second cas la faute est évidente

1. Note de M. Meynial, S. 1890, 2, 97 : « Il y a des hypothèses où l'exécution ou l'inexécution importent assez peu dans tel cas spécial à l'ordre public. C'est par exemple celui de vente d'une maison de tolérance... Ce qui est immoral, c'est bien plutôt la prestation à donner en retour de la somme promise : la loi a donc peu à s'inquiéter de savoir qui va rester en possession de cette somme, puisque cela est indifférent à l'ordre public. Le refus de la répétition se comprend alors, parce que ce n'est pas le paiement qui a été nuisible à la société, mais l'acte payé ; que la restitution de la somme pourrait fort bien ne pas entraver l'accomplissement de cet acte, et qu'il n'y a dès lors aucun inconvénient sérieux à considérer l'indignité des deux parties comme un obstacle à leur action ».

et c'est la convention qui fait la turpitude des parties.

Nous nous occuperons donc successivement et séparément des conventions illicites et des conventions immorales.

§ A. *Conventions illicites.* — Trois hypothèses sollicitent notre attention : la contre-lettre en matière de cession d'office ministériel, la cession d'une part d'office ministériel et la négociation de valeurs cotées effectuée par l'intermédiaire d'un coulissier.

1° *Contre-lettre contenant promesse de payer d'un office ministériel un prix supplémentaire.*— Lorsqu'après avoir hésité sur l'étendue du droit que confère aux titulaires d'offices l'art. 91 de la loi sur les finances du 28 avril 1816 complété par l'Instruction du Garde des Sceaux du 21 février 1817, sur le caractère — instructif ou prohibitif — des circulaires administratives relatives à la transmission des offices ministériels, sur les devoirs respectifs de l'administration et des tribunaux (1), la jurisprudence se fût définitivement prononcée contre la validité des contre-lettres, la question se posa de savoir si le cessionnaire, auquel à raison de la nullité absolue on accordait le droit de refuser le paiement du prix supplémentaire, pouvait

1. V. Grenoble, 16 déc. 1837 (S. 1838, 2, 489), et Toulouse, 22 fév. 1840 (S. 1840, 2, 126).

répéter ce prix déjà payé. Soit que la tradition qui opposait une fin de non recevoir aux repétitions de prestations illicites fît alors sentir son influence, soit que les magistrats qui reconnaissaient depuis peu un caractère illicite à ces contre-lettres redoutassent de se montrer trop rigoureux en tirant de leur nouvelle doctrine toutes ses conséquences, la jurisprudence n'admit pas — bien que logiquement elle eût dû le faire — la restitution forcée du prix supplémentaire en même temps que la nullité de la contre-lettre. Pour justifier le maintien de ce prix dans le patrimoine du cédant, elle commença par objecter à la demande du cessionnaire l'alinéa final de l'art. 1235 C. civ. : « La répétition n'est pas admise à l'égard des obligations naturelles qui ont été volontairement acquittées » ; du traité secret déclaré civilement nul subsisterait donc une obligation naturelle à la charge du promettant (1). Mais ce mauvais moyen, trèsjustement critiqué dans les pourvois et dans les conclusions de M. l'avocat général Delangle (2), ne

1. V. Paris, 31 janv. et 15 fév. 1840 (S. 1840, 2, 81). — Cass.-req., 27 juill. 1841 (S. 1841, 1, 572 et 693). — Rouen, 18 févr. 1842 (S. 1842, 2, 201). — Cass.-req., 23 août 1842 (S. 1843, 1, 123).

2. Dans ses conclusions sous Cass., 7 juill. 1841 (S. 1841, 1, 572) M. l'avocat général Delangle, après avoir établi la nullité des contre-lettres et reservé l'obligation naturelle aux nulités d'ordre privé, conclut ainsi : « Rapprochons de cette distinction [nullités d'ordre public et nullités d'ordre privé] les

tarda pas à être abandonné. C'est alors que la jurisprudence, qui continuait à désirer le maintien du
statu quo (*Uti possidetis*), fit usage de la maxime
Nemo auditur........; et si puissante était à cette
époque la tradition romaine que l'on s'attend à bon
droit à la voir triompher en cette matière. Il n'en fut
rien : les quelques cours qui suivirent cette voie, y
persévérèrent moins longtemps encore que dans la
voie de l'obligation naturelle (1). Car la jurisprudence comprenait enfin que le danger des traités
secrets réside précisément dans l'exécution de l'o-
bligation constatée par la contre-lettre et que, pour
l'écarter, elle devait contraindre le cédant à rem-
bourser au cessionnaire le prix supplémentaire.
Un arrêt de la Chambre des requêtes du 1er août
1844 (S. 1844, 1, 584), dont les termes sont repro-

principes que nous avons posés sur la nature de la prohibition relative aux traités secrets, il en résulte que nulle ratification n'est possible, que l'exécution ne protège pas contre la
répétition. Quelque rigoureuse que soit cette doctrine, il la faut
accueillir ; la loi n'a pas d'autre sanction. Admettre l'existence
d'une obligation naturelle, ce serait d'avance encourager et
protéger la fraude ». — Les pourvois sous Cass.-req.,
23 août 1842 (S. 1843, 1, 123), et sous Cass. civ., 30 juillet 1844 (S. 1844, 1, 582) font la même distinction entre les
nullités d'ordre public et les nullités d'ordre privé ; ils montrent aussi comment « si le simple fait d'exécution couvrait
l'illégalité des conventions attentatoires à l'ordre public, les
lois conçues dans un but d'utilité générale seraient sans force
devant la volonté de ceux dont elles règlent les droits et les
devoirs ».

1. Voir Orléans, 8 févr. 1844 (P. 1844, 1, 452) et la note.

duits par un arrêt de la même Chambre du 11 août 1845 (S. 1845, 1, 643), reconnaît qu'il importe à la société de se demander « à qui des deux complices également en faute doit appartenir la somme, objet du paiement consommé,..... parce que c'est précisément le paiement de cette partie du prix cachée et exagérée qui expose le postulant devenu titulaire au danger de manquer à ses devoirs, le public à de graves dommages, et qui blesse par conséquent plus particulièrement l'ordre public,..... » (1). Pourtant, tandis qu'elle admettait le droit à la répétition, la jurisprudence se défendait d'abandonner la règle traditionnelle ; elle prétendait au contraire en faire ainsi la stricte application : « Attendu, disent les arrêts précédents, que la règle de droit « *in turpi et pari causa possessor potior haberi debet* » ne peut s'appliquer à la cause, parce que dans l'hypothèse du droit romain peu importe à la société à qui des deux complices *également* en faute doit appartenir la somme, objet du paiement consommé,

1. M. l'avocat général Delangle fait remarquer dans ses conclusions qu' « il n'est pas vrai que l'ordre public ne soit pas interressé à ce que les officiers auxquels les citoyens sont forcés de confier leur fortune, la direction de leurs affaires, se trouvent dans une position qui les défende contre toute tentative d'augmenter les gains que les lois leur allouent, qu'ils ne soient pas réduits à l'agiotage, aux spéculations et, par une pente irrésistible, conduits à tromper leurs clients ».

tandis que dans la cause actuelle, où il s'agit du prix d'un office public, il en est tout autrement par le double motif : 1° Que la faute n'est pas égale entre le postulant et le titulaire puisque c'est ce dernier, fonctionnaire, ayant en cette qualité des devoirs plus étroits, qui a fait subir la loi d'un prix exagéré au postulant...... » (1).

Nous n'insistons pas sur cette question du degré de la turpitude, dont nous avons parlé dans notre chapitre IV (section III) ; rappelons que M. Meynial a signalé dans sa note l'illégitimité de l'effet ainsi attribué à l'inégalité de faute. Enfin le droit à la répétition, qu'un arrêt de la Chambre civile de la Cour de cassation du 30 juillet 1844 (S. 1844, 1, 582) considère déjà comme la conséquence inévitable de la nullité absolue de l'obligation, comme consacré même pour les conventions illicites par les articles 1235 et 1376, C. civ., fut reconnu au cessionnaire, comme tel, à partir de l'année

---

1. Dans la note de M. E. Moreau, sous Cass. 2 mars 1864 (S. 1864, 1, 161), on lit : « Malgré le concours du *solvens* à l'acte illicite, le principe romain ne lui est pas applicable, parce que l'expérience démontre que le successeur, impatient d'entrer dans la carrière que va lui ouvrir la démission du titulaire, peut facilement subir la pression de ce dernier et céder à ses exigences... [faute inégale], et d'un autre côté, ce qui importe le plus en cette matière, c'est la suppression des faits constitutifs de l'exécution du pacte illicite, et par conséquent la restitution, dans tous les cas, par le prédécesseur de ce qu'il a indûment reçu du successeur ».

1846 ; depuis cette époque la jurisprudence n'a pas varié (1).

2° *Cession d'une part d'office ministériel.* — La validité de la mise en société d'un office ministériel fit l'objet d'une grosse controverse : généralement admise par la jurisprudence jusque vers l'année 1850, elle était déjà discutée à cette époque par la doctrine ; mais, tandis que dès 1853 la jurisprudence se prononçait avec ensemble pour la nullité d'une semblable opération, la doctrine resta divisée jusqu'à la loi du 2 juillet 1862 (2). Cette loi, qui modifia les articles 74, 75 et 90 du Code de commerce, autorise les agents de change près les Bourses pourvues d'un parquet à « s'adjoindre des bailleurs de fonds intéressés » (art. 75, C. com.) ; comme elle ne dit mot des autres charges, il est certain que les titulaires de ces dernières ne jouissent pas du même droit. Mais, la nullité

1. V. Cass.-req, 10 févr. 1846 (S. 1846, 1, 118). — Cass.-crim., 5 janv. 1846 (S. 1846, 1, 116) ; arrêt très bien motivé. — Cass.-civ., 24 juillet 1855 (S. 1855, 1, 657). — Cass.-civ., 2 mars 1864 (S. 1864, 1, 161). — Cass.-civ., 20 juillet 1868 (S. 1869, 1, 69). — Paris, 8 déc. 1868 (S. 1869, 2, 182). — Cass.-civ., 13 juill. 1885 (S. 1886, 1, 205) ; arrêt bien motivé. — Cass.- civ., 22 mai 1889 (S. 1889, 1, 452) ; à lire.

2. V. Paris, 15 juin 1850 (S. 1850, 2, 433), et la note ; cet arrêt n'admet la nullité que si le traité d'association contient des clauses devant porter atteinte à l'indépendance ou nuire à la ponctualité de l'officier ministériel. — Lyon, 9 déc. 1850 (S. 1850, 2, 634).

une fois admise, quelles conséquences allait·on lui faire produire ? Logiquement il eût fallu permettre à l'associé de répéter le capital par lui versé, et à l'officier ministériel de répéter les dividendes par lui payés : les articles 1131, 1235 et 1376, C. civ., commandent cette *restitutio in integrum*. La jurisprudence commença pourtant par décider autrement : à l'exception de deux arrêts de la Cour de cassation, dont l'un [Cass. req., 26 fév. 1851 (S. 1851, 1, 327)] admet la répétition dans les rapports entre l'associé et un tiers acquéreur de sa part, dont l'autre [Cass. civ., 15 janv. 1855 (S. 1855, 1, 257)], plus intéressant, l'admet dans les rapports entre le titulaire et l'associé, toutes les décisions antérieures à l'année 1878, appliquant la maxime *Nemo auditur...* ont repoussé les demandes en restitution émanant de l'une ou de l'autre partie (1). Etant donné qu'on se trouvait en présence d'une convention dangereuse à raison même des versements de fonds, cette sanction devait déjà manquer d'efficacité. Or la jurisprudence l'affaiblit encore en restreignant l'effet de la nullité dans certain cas qui se trouve être précisément le plus grave : à savoir, lorsqu'elle avait à déclarer l'inexistence d'une association ayant

1. V. Paris, 4 févr. 1854 (S. 1854, 2, 148). — Trib. com. de la Seine, 16 avril 1862, sous Cass.-req., 29 juin 1863 (S. 1863, 1, 493). — Cass.-req., 16 août 1864 (S. 1865, 1, 23).

fonctionné. Elle respectait alors le passé de l'association ; ou plutôt, annulant le droit pour le passé
comme pour l'avenir, elle liquidait les faits anté-
rieurs à la demande conformément aux dispositions du traité illicite (1). Ainsi avait-elle à se
prononcer sur une association qui n'existait que
sur le papier (*rebus adhuc integris*) ? Elle écartait
toute demande en vertu de la règle romaine. Etait-
elle au contraire en présence d'une association
réalisée par des apports et des répartitions de
bénéfices ? Elle déclarait que « la nullité, si elle
n'autorise pas l'action en restitution du prix versé,
ne fait pas obstacle à la liquidation de la com-
munauté de fait qui a existé entre les contractants » (2). Comprise de la sorte, l'annulation
d'une société illicite équivalait à la dissolution

1. V. Lyon, 9 déc. 1850 (S. 1850, 2, 634). — Lyon, 23 fév.
1853 (S. 1853, 2, 383). — Paris, 10 mai 1860 (S. 1860,2,465).
— Paris, 27 mai 1862, sous Cass.-req., 29 juin 1863 (S. 1863,
1, 493). — Cass.-req., 31 mars 1869 (S. 1869, 1, 505). — Il
est à remarquer que la plupart des décisions admettant la société de fait ont été rendues au sujet de charges d'agents de
change, qu'il s'agît soit d'associations quelconques antérieures
à la loi du 2 juillet 1862, soit d'associations, postérieures à
cette loi, qui n'étaient pas conformes aux prescriptions du nou-
vel art. 75. C. com. C'est sans doute pour les mêmes raisons,
qui ont fait admettre dans une certaine mesure la mise en
société de ces charges, que la jurisprudence a adopté cette
solution.

2. V. Paris, 27 mai 1862, sous Cass.-req., 29 juin 1863
(S. 1863, 1, 493).

d'une société licite. En laissant produire cet effet à un accord de volontés que la loi considère comme inexistant, la jurisprudence manquait assurément de logique. Mais en outre — ce qui est plus important — elle supprimait l'obstacle que la loi voulait opposer au développement d'opérations dangereuses : aussi les cessions illicites de parts d'offices ministériels devinrent-elles de plus en plus fréquentes. Ce que voyant, la jurisprudence comprit enfin qu'elle allait à l'encontre des exigences de l'intérêt social ; et, adoptant la sanction qui seule fût conforme au bien public comme à la loi, elle autorisa la répétition des sommes versées en exécution de ces associations illicites. Ce revirement — le dernier — date de 1878 (1).

3° *Négociation de valeurs cotées effectuée par l'intermédiaire d'un coulissier* (2). — Tandis que

1. V. Cass.-civ., 10 déc. 1878 (S. 1880, 1, 61). — Cass.-civ., 25 janv. 1887 (S. 1887, 1, 224). — Caen, 18 janv. 1888 (S. 1890, 2, 97). La note de M. Meynial, à laquelle nous faisons si souvent allusions et de si nombreux emprunts, accompagne ce dernier arrêt. L'arrêt lui-même est à lire en entier : il traite non seulement la question des cessions illicites de parts d'offices, mais encore celle plus générale de la sanction à donner aux obligations illicites. — Sur les associations illicites en général, voir : *Suppl. Rép.* Dalloz, v° *Société*, n°s 89 et 398 (de l'objet dans le contrat de société) ; 90 et 339 (des sociétés de contrebande) ; 91 (des maisons de jeu) ; 92 (de l'association pour l'exploitation d'une pharmacie) ; 93-97 et 400 (des offices ministériels) ; 98-101 et 401 (de la sanction).

2. Cette question a été traitée à fond par MM. Gcouffre de

dans les précédentes espèces, on voit la jurisprudence subir la même évolution, passer lentement
et comme à regret de l'*uti possidetis* à l'*in integrum restitutio*, abandonner la sanction traditionnelle quand elle en constate l'inanité, on remarque
dans les affaires suscitées par les empiètements
de la coulisse, une marche contraire qui, tout
d'un coup et rapidement, conduit de la répétition
au refus d'action. Si la jurisprudence a commencé
par admettre en cette matière la nullité absolue
avec toutes ses conséquences, c'est sans doute
parce qu'elle avait à défendre un monopole établi
par un texte de loi (art. 76 C. com.) et que, la prohibition ne pouvant faire doute, elle ne craignit
pas de se montrer trop rigoureuse. Ceux qui invo-
quaient la nullité absolue causée par le défaut
d'intermédiaire régulier, qui réclamaient l'application de la sanction civile dont jamais les agents
de change eux-mêmes n'avaient fait usage (1),

Lapradelle et Lévy-Ullmann dans un article des *Annales de
Droit commercial* (1896) qui a paru la même année en brochure
sous le titre « Les négociations de valeurs cotées effectuées
par l'intermédiaire des coulissiers devant la jurisprudence ».
Pour la jurisprudence et les notes postérieures à cette savante
et claire exposition, voir : Cass., 22 mai et 9 déc. 1895 (S. 1897,
1, 385), le rapport de M. le conseiller Denis et la note de
M. Wahl. — Cass., 8 févr. 1897 (S. 1897, 1, 391). — Cass.,
31 mai 1897 (S. 1898, 1, 497) et la note de M. Whal. — Cass.,
7 nov. 2898 (S. 1899, 1, 269). — Cass., 16 nov. 1898 (S. 1899,
1, 40). — Cass., 15 mars 1899 (S. 1899, 1, 281).

1. Les agents de change avaient seulement réclamé l'appli-

étaient pourtant complices de l'irrégularité : ils se prévalaient bien de leur propre turpitude, ces donneurs d'ordres qui refusaient le paiement à l'intermédiaire de leur choix ou se faisaient restituer par lui les sommes payées ; et encore en tiraient-ils un bénéfice, puisqu'ils agissaient ainsi pour anéantir une opération désavantageuse. Malgré cela la jurisprudence les admit d'abord non seulement à se dégager par voie d'exception (1), mais encore à répéter (2). Certes à l'époque où elle dut prendre position, elle avait déjà secoué en partie le joug de la tradition et renoncé dans maintes circonstances à appliquer la maxime *Nemo auditur...* ; ce fut en effet en 1881. Mais l'appui des articles 76 du Code de commerce, 13 de l'arrêt du Conseil du 26 novembre 1781, 8 de la loi du 28 ventôse an IX, 4 et 7 de l'arrêt du 27 pairial an X, tous invoqués dans le premier arrêt de la Cour de cassation, fut pour beaucoup dans la décision de la première heure. Si maintenant nous nous demandons pourquoi la jurisprudence n'a

cation de la sanction pénale tirée des textes de l'ancien Droit ou du Droit intermédiaire : nous citons ces textes ci-dessus.

1. V. Cass.-req., 28 fév., 1881 (S. 1881, 1, 289) et la note de M. Labbé.

2. V. Paris, 2 juin, 1881 (S. 1883, 2, 129) ; 5 déc. 1881 (S. 1882, 2, 55) ; 1er févr. 1882 (S. 1883, 2, 129) ; 10 mars, 1er avril, 22 juin et 16 juin 1882 (S. 1882, 2, 177). — Paris, 21 nov. 1882 et Besançon, 27 déc. 1883 (S. 1883, 2, 129). — Orléans, 5 janv. 1884 (S. 1885, 2, 54).

pas persévéré dans cette voie, qui en droit pur est
la bonne, nous pouvons répondre, avec la Cour de
Besançon (21 août 1883, S 1885, 1, 249), « qu'un
système de nullité absolue, qui aurait pour effet
de bouleverser tous les intérêts en permettant d'a-
néantir tous les droits fondés sur des opérations
librement consenties depuis moins de trente ans,
ne saurait être celui de la loi ». C'est l'antago-
nisme entre les résultats d'une application stricte
de la loi et les exigences de la pratique qui a pro-
voqué le revirement ; c'est l'ébranlement du marché public résultant de l'annulation d'opérations
définitivement closes — simple fait que plusieurs
Cours et tribunaux continuèrent à sacrifier au
droit en dépit des protestations unanimes (1) —
qui a mis la Cour suprême dans la nécessité de
prendre, si l'on peut dire, un biais. Car, quoi qu'en
dise la Cour de Besançon, le système admis jusqu'alors était bien celui de la loi, et il avait été
admis comme tel. De ce que, le législateur n'ayant
pu prévoir que les usurpations de pouvoir de la
coulisse deviendraient aussi nombreuses qu'inévitables par suite du rôle dévolu au marché libre,

1. V. Toulouse, 2 août 1882 (S. 1883, 2, 129) et 4 mars 1885
(S. 1885, 1, 249). — Orléans, 10 avril 1883 (S. 1884, 2, 125).
— Lyon, 19 juin 1883 (D. P. 1885, 2, 185). — Trib. com. de
Besançon, sous l'arrêt de la Cour de Besançon, du 21 août 1883
(S. 1885, 1, 249).

sa volonté s'est trouvée un jour en contradiction avec les *desiderata* des intéressés, il ne s'ensuit pas que la sanction légale ait de ce jour perdu son caractère obligatoire. Aussi ne doit-on pas dire que la Cour de cassation, qui sentait derrière elle une jurisprudence unanime et ferme, a cherché la loi, mais plutôt qu'elle s'est efforcée de la tourner en s'en écartant le moins possible dès l'instant qu'elle l'eut reconnue pratiquement défectueuse. Les arrêts de la Chambre civile du 22 avril et du 29 juin 1885 (S. 1885, 1, 249 et suiv.) et l'arrêt de la Chambre des requêtes du 8 avril 1888 (S. 1888, 1, 312) inaugurent la nouvelle jurisprudence : ils déclarent que « si, d'une part, tant que le règlement définitif des opérations n'a pas eu lieu, l'intermédiaire ne peut porter à son compte des négociations faites sans le concours d'un agent de change et poursuivre par action en justice soit le remboursement intégral de ses avances, soit l'attribution de sommes déposées entre ses mains, d'autre part on ne saurait accorder une action en répétition des sommes versées à celui qui, en connaissance de cause, a pris livraison des titres et en a payé le prix ou qui, en l'absence de levée et de livraison de titres, a réglé définitivement les opérations faites... ». MM. Geouffre de Lapradelle et Lévy-Ullmann (*op. cit.*. page 9) signalent l'opportunité de ce système : « c'était — disent-ils —

concevoir avec justesse les exigences divergentes
des purs principes de la nullité d'une part, de la
pratique de l'autre, et c'était du même coup les
concilier avec habileté » ; et ils font observer l'é-
quité de la solution en ce qu'elle atteint différemment le donneur d'ordre qui, refusant d'exécuter,
« proteste immédiatement » et celui qui, répétant,
« proteste tardivement ». Mais qu'est en droit pur
le règlement définitif des opérations ? Une ratification. Or les obligations frappées de nullité absolue ne sont susceptibles d'aucune ratification ou
confirmation : telle est du moins l'idée du législateur. Si bien que la Cour suprême, qui considère
que l'acquiescement donné par l'une des parties à
l'exécution de son ordre par l'autre implique, de
la part de la première, renonciation au droit de
se prévaloir de l'irrégularité de l'opération, d'une
nullité d'ordre public, adoptait un système manifestement contraire au vœu de la loi. Tout persua-
dés que nous sommes de la nécessité d'une solution à deux fins, nous ne pouvons approuver ce
système qui fait dépendre le sort d'une convention illicite de la volonté de l'une des parties.
Chercher un obstacle *juridique* à l'annulation des
opérations closes, supprimer le *droit* à la répétition, c'était adopter une tactique condamnable. Et
cette tactique, comment la Cour de cassation l'a-t-
elle fondée ? Quel fut le principe auquel elle

recourut pour mettre en échec celui de la nullité
absolue ? Les auteurs précédemment cités montrent (*op. cit.*, pages 9 à 14) qu'elle prit ouverte-
ment appui sur l'article 18 de l'arrêt du Conseil du
roi du 24 septembre 1724 (1) qui défend l'assignation relative aux négociations illicites ; qu'elle tint
compte aussi de la maxime romaine (2) sur
laquelle les Cours d'appel ont de préférence fait
fond ; et qu'enfin les règles de l'exception de jeu
ne furent pas sans influer sur la jurisprudence qui
tenta d'établir en cette matière une présomption
de jeu (3). Ce que donnèrent dans l'application ces

1. Cet article porte : « Toutes négociations de papiers com-
merçables et effets, faites sans le ministère d'un agent de
change, seront déclarées nulles en cas de contestation ; faisant
S. M. deffense à tous huissiers et sergents de donner aucune
assignation sur icelles à peine d'interdiction et de trois cents
livres d'amende, et à tous juges de prononcer aucun jugement
à peine de nullité desdits jugements ».

2. Remarquer dans les motifs des arrêts de 1885 les mots
« *en connaissance de cause* » qui impliquent une distinction —
bonne ou mauvaise foi du donneur d'ordre — que ne com-
portent pas les termes de l'arrêt du Conseil du roi reproduit
ci-dessus.

3. Voir les conclusions du Procureur général Bertauld dans
Sirey, 1881, 1, 249 : « Les articles 421 et 422 du Code pénal
n'ont nullement renversé la présomption que les intermédiaires
sans mandat légal ne sont que des instruments de jeu, de pari
sur les éventualités et les fluctuations des cours des effets pu-
blics... L'exclusion des intermédiaires imposés par la Loi établit une présomption de jeu, et une présomption qui ne com-
porte pas de preuve contraire ».

moyens employés pour « obtenir une nullité souple, fonctionnant par voie d'exception et jamais par voie d'action », les mêmes auteurs s'appliquent à l'exposer (*op. cit.*, pages 14 à 24) ; et l'on voit avec eux comment, qu'il s'agisse soit de déterminer le *fait* du règlement définitif, soit de préciser les effets *juridiques* de ce règlement, « de ces trois principes, également invoqués par la jurisprudence, se dégagent des solutions divergentes », comment « c'est le désordre et le désarroi que leur intervention simultanée jette dans sa doctrine ». Bien plus ! Aucun de ces principes n'a de valeur en l'espèce : l'arrêt du Conseil du roi de 1724, qui d'abord s'oppose aussi bien à l'exception fondée sur le caractère illicite de la négociation qu'à l'action puisqu'il fait « deffense... à tous juges de prononcer aucun jugement à peine de nullité desdits jugements », est abrogé par l'art. 3 de la loi du 28 mars 1885 sur les marchés à terme ; abrogée aussi par les art. 1131, 1245 et 1376 C. civ. la maxime romaine, dont l'esprit ne convient pas aux opérations en cause ; abrogée enfin par la loi de 1885 cette présomption de jeu, dont l'admission devrait entraîner des conséquences excessives, inadmissibles. Que reste-t-il donc à désirer ? Comme d'une part il est — nous l'avons dit — illégitime de chercher à soustraire par un moyen de *droit* les opérations closes aux effets de la nullité absolue, comme d'autre part il n'est pas possible de négliger les exigences de la pratique puisqu'en le faisant on ébranlerait le marché public, il n'y a plus qu'à voir si les faits ne donnent pas à eux seuls le résultat poursuivi. MM. Geouffre de Lapradelle et Lévy-Ullmann (*op. cit.*, pages 29 à 32) ont porté sur ce point leur attention : nous croyons qu'ils ont trouvé la vraie solution. « La doctrine des auteurs qui, sur le fondement des principes de la nullité absolue, enseignent que la répétition demeure toujours ouverte au client — disent-ils, — est la seule juridiquement admissible, et, en dépit des apparences, elle est parfaitement conciliable avec les nécessités de la pratique » : et en effet ils exposent comment « en recevant le compte le client a déchargé son mandataire du devoir de s'en justifier », comment par suite « le règlement des opérations n'agit pas sur la nullité, mais sur la charge de la preuve », comment enfin, à raison des usages de la Bourse, « rejeter sur le client, après le règlement, la charge de la preuve, c'est en définitive couvrir par là, d'une façon détournée, mais sûre, la nullité des opérations ». Ajoutons pour terminer que cette méthode, proposée par les auteurs de l'excellente étude que nous venons de résumer, n'a pas reçu de la jurisprudence l'accueil qu'elle méritait.

§ B. *Conventions immorales.* — Aux conventions de cette catégorie la jurisprudence applique encore la règle romaine. Et comment s'en étonner ? D'arbord il importe peu que le créancier reste en possession de la chose payée ; car le caractère illicite (*lato sensu*) résulte ici moins du danger que l'exécution peut faire courir à la société que de la turpitude de l'accord conventionnel. Ensuite et à raison même de cette turpitude des parties c'est plutôt alors le cas de dire qu'on ne saurait accorder le secours des tribunaux à celui qui a commis une infraction à la loi. Enfin on comprend sans peine que la justice se considère comme « n'ayant pas à entrer dans l'examen de ces conventions » (1) : la plupart d'entre elles ont pour objet des choses qu'il vaut mieux taire : et tel est le désir de la jurisprudence de n'en entendre pas parler que, par un élargissement conscient et volontaire de la notion de cause, elle applique la sanction traditionnelle à des obligations qui, strictement parlant, n'ont pas un caractère illicite.

Dans la catégorie de conventions que nous qualifions d'immorales rentre certainement l'*effet de complaisance* (2). Il n'existe pas de texte frappant

____

1. Voir les motifs de l'arrêt de la Cour de Douai, du 24 octobre 1887 (S. 1890, 2, 99).

2. Voir, sur la question envisagée d'une manière générale, la brochure de M. Dramard, *Traités des effets de complaisance* ; sur la question du fondement de la nullité, la note de M. Thal-

de nullité tout papier de commerce fictif. Mais comme la convention intervenue entre les créateurs de papiers de ce genre — convention qui est la véritable cause de l'obligation du débiteur apparent — a pour but de parer un individu d'un crédit imaginaire et pour résultat de tromper les tiers sur la situation des parties, on est justement arrivé à la tenir pour contraire à l'ordre public et, par suite, à faire tomber sous le coup de l'art. 1131 C. civ. tout papier fictif (1). Au cas de turpitude commune les conséquences de cette nullité sont théoriquement les suivantes : d'une part le souscripteur du billet à ordre ou le tiré de la lettre de change peut se refuser à exécuter son obligation sur cause illicite ; d'autre part, il peut demander au bénéficiaire ou au tireur le remboursement des sommes par lui payées, s'il n'a reçu aucune provision. La jurisprudence accepte naturellement le premier de ces effets (2) ; nous ne voyons à signaler sur ce point que l'inefficacité — admise dans

ler sous l'arrêt de la Cour de Lyon du 3o mars 1897 (D. 1897, 2, 385) ; sur les conséquences de la nullité, la note de M. Meynial sous l'arrêt de la Cour de Paris du 16 nov. 1888 (S. 1891, 2, 89) ; enfin la thèse récente (mars 1900) de M. Hémard, intitulée *Des effets de complaisance*

1. V. Cass., 3o mai 1883 (S. 1884, 1, 154). — Cass., 2 juill. 1883 (S. 1885, 1, 64). — Cass., 18 oct. 1886 (S. 1886, 1, 470).

2. V. Cass.-civ., 17 janv. 1870 (S. 1870, 1, 217). — Cass.-req., 3o mai 1883, précité. — Cass.-req., 18 oct. 1886, précité Cass.-civ., 25 juin 1890 (S. 1891, 1, 437).

la pratique — de l'exception lorsque le débiteur se trouve actionné en paiement par un porteur de bonne foi : l'intérêt de la circulation fiduciaire a fait reconnaitre à ce dernier une situation privilé-, giée dont les principes de notre Droit ne donnent pas l'explication (1). Mais, fidèle à la règle romaine, la jurisprudence repousse l'action du débiteur qui a payé l'indû : elle supprime ainsi le second effet de la nullité absolue (2). Elle n'admet excep-tionnellement la répétition que dans deux hypo-thèses : d'abord quand le titre est resté entre les mains du bénéficiaire ou tireur, cette possession ne constituant pas — nous l'avons vu — d'après la jurisprudence le paiement volontaire qui fait obs-tacle à l'action du débiteur (3) ; ensuite quand, le débiteur ayant fait faillite, le syndic qui a dû

1. Lire, sur la nature du droit des porteurs et les exceptions que le débiteur peut leur opposer, la note de M. Albert Tissier, sous Cass.-civ., 9 nov. 1896 (S. 1897, 1, 161).

2. V. Cass.-req., 8 juin 1891 (S. 1892, 1, 439). — Nancy. 2 janv. 1893 (S. 1894, 2, 206). — Cass.-req., 28 juill. 1897 (*Droit*, 24 sept. 1897). — Cour sup. de Luxembourg, 17 déc. 1897 (S. 1898, 4, 20). — enfin Paris, 16 nov. 1888 (S. 1891, 2, 86) et la note de M. Meynial. — Vr. cep. : Paris, 30 janv. 1865. (*Journ. trib. com.* 1865, p. 412). — Douai, 28 juin 1887. (*Jurisp. Douai*, 1887, p. 234).

3. V. Cass., 2 févr. 1853 (S. 1853, 1, 428). Nous avons fait observer (chap. IV, sect. III) que cette tolérance de la juris-prudence n'est pas conforme aux principes de la *condictio ob turpem causam* et qu'elle s'explique par la négociabilité des engagements écrits.

payer un effet de complaisance présenté par un porteur de bonne foi exerce *du chef de la masse des créanciers* une action en indemnité contre l'autre créateur de l'effet (1). Hormis ces cas, le souscripteur ou tiré ne peut réclamer de son complice le remboursement des sommes qu'il a payées indûment sans en avoir reçu la contre-valeur ; et d'une manière plus générale aucun de ceux qui ont participé à la fraude — soit en créant le papier fictif, soit en le faisant circuler — n'est admis à répéter (2). Cette application de la maxime *Nemo auditur.....,* contraire aux principes généraux, a été justement critiquée par M. Meynial dans la note précitée du Sirey (1891, 2, 89) et par M. Le Debray dans les *Annales de Droit commercial* (1898, p. 30. nº 12). Les deux auteurs font observer que le système de la jurisprudence frappe les complices d'une « véritable peine » ; M. Meynial remarque en outre qu'il constitue « une entrave à la rapidité de la circulation fiduciaire » sans racheter cet inconvénient par une sauvegarde meilleure de l'intérêt général : « Est-ce que la menace dont il s'agit [refus de la répétition] empêchera un débiteur mal en point de tirer des lettres de change ? Cela

---

1. V. Trib. com. Hâvre. 11 mars 1896 (*Rec. jurisp. Havre,* 1896, 1, 73).

2. V. Cass.-req., 8 juin 1891 (S. 1892, 1, 439). — Cass.-req., 28 juillet 1897 (*Droit,* 24 sept. 1897).

est douteux ; mais ce qui est certain, c'est qu'une fois émises, cela empêchera le tiré de les payer. Il faudra avoir la précaution de faire accepter la lettre avant de la recevoir et ce sera là…. l'entrave. C'est pour éviter les protêts qu'on a réglementé le paiement pour autrui de la lettre de change. Pourquoi sous la pression des mêmes raisons ne pas en admettre l'application ici ? ».

On s'explique au contraire aisément l'emploi de la sanction traditionnelle dans les matières plus franchement immorales, telles que les marchés relatifs à des *maisons de tolérance* ou à des *relations de concubinage*. Refuser d'examiner les litiges que soulèvent ces conventions réellement entachées de turpitude, laisser les parties dans la situation de fait qu'au mépris des règles les plus élémentaires de la morale elles ont créée, interdire l'accès du prétoire aux plaideurs dont les prétentions sont de nature à blesser la dignité de la magistrature, la tactique, en un mot, de la jurisprudence ne dénote-t-elle pas un sentiment identique à celui qui fait proscrire de la scène ou des publications les spectacles ou les récits immoraux ? Aussi, bien qu'en se fondant sur le caractère odieux du contrat pour repousser l'action en répétition, la jurisprudence méconnaisse un droit reconnu par les articles 1131, 1235 et 1376 C. civ., on est tenté d'approuver un système qui dispense la justice d'intervenir. Dans la matière des *maisons de tolérance* on trouve la maxime *Nemo auditur....* appliquée d'abord et tout naturellement aux conventions qui ont pour objet l'exploitation de ces établissements : « Attendu que l'autorisation donnée par l'administration publique pour les maisons de prostitution intervient moins pour en légitimer l'existence que pour en assurer la surveillance et pour satisfaire à l'obligation qui incombe plus particulièrement à la police de contrôler la tenue de ces établissements... » (1), attendu qu'il y a là cause contraire aux bonnes mœurs, les tribunaux évitent de se prononcer soit sur la vente du fonds (2), soit sur le bail consenti pour l'exploitation (3). Mais ils vont plus loin.

1. V. Tribunal civil de la Seine, 5 fév. 1867 (S. 1867,2,328) et la note.

2. V. Cass.-civ., 15 déc. 1873 (S. 1874, 1, 241) et la note de M. Dubois. — Caen, 29 juill. 1874 (S. 1875, 2, 298). — Cass., 28 oct. 1885 (*Gaz. du Pal.* 1885, 2, 670). — Cass., 30 nov. 1885 (*Gaz. du Pal.* 1886, 1 supp. 146). — Douai, 24 oct. 1887 (S. 1890, 2, 99). — Tribunal civil de Dijon, 20 févr. 1888 (*Gaz. du Pal.* 1888, 1, supp. 83). — Paris 2 juin 1892 (*Gaz. des trib.*, 12 oct. 1892). — Alger, 15 nov. 1893 (S. 1894, 2, 211). — Riom, 30 nov. 1893 (S. 1894, 2, 75). — Alger, 9 mai 1894 (S. 1894, 2, 302). — Tribunal civil de Beauvais, 3 nov. 1898 (*Gaz. du Pal.* 1898, 2, 499).

3. V. Lyon, 6 févr. 1833 (S. 1833, 2, 392). — Paris, 30 nov 1839 (S. 1840, 2, 121). — Lyon, 11 juill. 1862 et Caen, 11 déc. 1862 (S. 1863, 2, 165). — Cass., 28 oct. 1885, Cass., 30 nov. 1885 et Dijon, 20 févr. 1888, précités.

— 156 —

Frappant le motif comme la cause, ils étendent
la fin de non-recevoir traditionnelle non seulement au bail ou à la vente d'un immeuble *destiné
à l'exploitation* d'une maison de tolérance (1), au
louage d'ouvrage relatif à des *services qui doivent
être rendus* dans l'établissement (2) — on peut
considérer ces deux premiers cas comme douteux
— mais encore au prêt d'argent quand dans la
commune intention des parties les deniers doivent
servir à l'achat d'un tel fonds (3), ainsi qu'au
marché de fournitures destinées à l'alimenter (4).
Cette confusion des motifs et de la cause quant aux
effets du caractère illicite sur la validité de la
convention n'est pas admissible en théorie : la
lettre et l'esprit de la loi la condamnent (5). En
pratique elle fait naître des difficultés (6) ; mais
elle permet d'atteindre des conventions dans lesquelles l'immoralité des contractants ne saurait

1 V. Douai, 24 oct. 1887 (S. 1890, 2, 99).

2 V. Cass.-req., 11 nov. 1890 (S. 1891, 1, 319).

3. V. Cass.-req., 1er avril 1895 (S. 1896, 1, 289) et la note
de M. Appert. — V. *contrà*, Paris, 13 févr. 1877 (S. 1877, 2,
233).

4. V. cep. Bordeaux, 6 févr. 1885 (S. 1886, 2, 16).

5. V. la note de M. Appert, sous Cass.-req., 1er avril 1895,
précité : « Si la Cour de Cassation entend annuler désormais
les contrats pour cause d'*intention* immorale des parties, elle
doit du moins se rendre compte qu'elle crée là une théorie
toute nouvelle dont le Code civil ne porte pas trace ».

6 V. la note de M. Appert précitée.

faire doute et qui pourtant échappent en principe
à la sanction de l'art. 1131 : c'est pourquoi la
jurisprudence, négligeant les critiques de la doctrine et aussi les protestations de quelques magistrats (1), demeure attachée à ces solutions. Nous
voyons l'expression exacte de son sentiment dans
un récent jugement du tribunal civil de Tarbes
(14 mars 1899), où il est dit : « Attendu que vainement le demandeur voudrait distinguer entre
la cause de la dette des défendeurs, cause qui, d'a-
près lui, résiderait dans la livraison de marchandises, et la destination desdites marchandises,
qui serait seul le motif de l'obligation ; attendu,
en effet, que la jurisprudence repousse avec raison cette distinction, quand il est certain, comme
en l'espèce, que l'objet du contrat doit, dans l'intention des parties au moment de la convention,
servir à un usage prohibé, car alors le motif est

1. V. Paris, 13 févr. 1877, précité : Est valable l'obligation causée pour prêt d'argent, bien que les fonds aient été
destinés à l'achat d'une maison de tolérance. — Bordeaux,
6 févr. 1885, précité : Les articles 1131 et 1133 ne frappant de
nullité que les obligations dont la cause, et non le motif, est
illicite, le teneur d'une maison de tolérance, qui a acheté des
marchandises et fournitures destinées à l'exploitation de son
établissement, ne peut se refuser à en payer le prix, sous prétexte que la vente aurait eu une cause illicite, l'emploi qui
devait être fait des marchandises étant le motif et non la cause
de l'obligation contractée par l'acheteur. — Trib. de comm. de
la Seine, 22 juin 1888 (*Gaz. du Pal.* 1888, 2, 294).

en connexion si étroite avec la cause que le caractère illégal ou immoral de l'un affecte l'autre nécessairement.... » (1). Même assimilation des motifs à la cause pour la même raison et même système de nullité (application de la maxime *Nemo auditur....*) dans la matière des *relations de concubinage* (2). La jurisprudence ne se contente pas en effet d'opposer la fin de non-recevoir traditionnelle aux contrats à titre onéreux intervenus entre concubins ; elle l'oppose encore aux donations faites en la forme d'un contrat à titre onéreux (3) et même aux donations qui se présentent comme telles (4), lorsque ces libéralités ont pour but soit l'établissement ou la continuation de relations immorales, soit de garantir la concubine contre les conséquences pouvant résulter de ses complaisances ou de mettre un terme aux menaces qu'elle adressait à son com-

1. Tribunal civil de Tarbes, 14 mars 1899 (*Gaz. des trib.*, 27 avril 1899). Ce jugement porte sur des actes de « dépravation électorale ».

2. V. Cass.-req., 4 janvier 1897 (S. 1898, 1, 309). — Sur la question de la validité des conventions intervenues entre personnes vivant en concubinage, voir la note de M. G. Appert, sous Cass.-civ.., 21 mars 1898 (S. 1898, 1, 513).

3. Cass.-req., 2 févr. 1853 (S. 1853, 1, 428). — Cass.-req., 26 mars 1860 (S. 1860, 1, 321). — Caen, 2 juill. 1872 (S. 1873, 2, 145). — Agen, 7 juill. 1886 (S. 1886, 2, 189). — Cass., 23 juin 1887 (S. 1887, 1, 361).

4. Orléans, 27 mai 1875 (S. 1875, 2, 319).

plice, lorsqu'en un mot elles sont le résultat d'un *pacte immoral* (1). N'échappe donc à la nullité que la libéralité, postérieure à la cessation de la vie commune, par laquelle le donateur, obéissant à un devoir de conscience, a voulu réparer le tort par lui fait à sa concubine, que l'obligation qui se présente comme *l'acquit d'une obligation naturelle* (2). Pour atteindre toutes celles de ces conventions qui constituent en fait un *marché*, la jurisprudence ne tient pas compte de la distinction théoriquement établie entre la cause d'une donation, qui serait toujours l'intention libérale, et le motif, qui est en l'espèce le paiement de complaisances coupables ; et pour décider si elle se trouve en présence d'un *marché* ou d'une *volonté désintéressée*, elle se réfère à l'époque de la libéralité. Le premier de ces buts et la manière dont la jurisprudence y parvient méritent qu'on les approuve. « Si notre législation — dit le pourvoi sous Cass. req., 26 mars 1860, précité — à la différence du Droit ancien, n'a pas mis le concubinage au nombre des causes d'incapacité de rece-

1. Cass.-req., 2 févr. 1833 : « Attendu... que les billets littigieux avaient été remis à celle-ci par le défendeur éventuel dans le but unique de déterminer cette fille, qui le lui promit, à continuer avec lui des relations intimes et honteuses qui avaient déjà existé entre eux... » ; Caen, 2 juillet 1872 ; Agen, 7 juill. 1886 ; Cass., 23 juin 1887 précités.

2. Aix, 10 janv. 1878, précité.

voir par donation, elle n'a pas voulu cependant
qu'un acte immoral pût servir de cause à une
convention quelconque : ce principe, formulé en
termes absolus par les articles 1108, 1131 et 1133,
s'applique nécessairement à tous les actes, quelle
que soit la qualification particulière qu'ils reçoivent, que ce soit une vente, une donation, etc.
Cette thèse est aussi celle de l'arrêt attaqué. »
M. Planiol, écrit dans le même sens [*Revue critique de législation et de jurisprudence*, 1888,
p. 705, I] : « La disparition de l'incapacité des
concubins est unanimement admise aujourd'hui,
et depuis longtemps déjà... On ne peut cependant
pas sacrifier entièrement le respect dû aux bonnes
mœurs et donner carte blanche à des spéculations
éhontées... Quand deux personnes, qui vivent
ensemble sans être mariées, se font l'une à l'autre
une donation, je persiste à croire que cette donation a pour cause le concubinage, car sans lui elle
ne se serait point faite. Si le concubinage est illicite,
la donation l'est également, et elle l'est toujours ».
Mais la faiblesse du moyen employé pour déterminer le fait du marché — faiblesse qui est la
« conséquence de la manière dont on comprend la
cause dans les donations » — éclate à première
vue. M. Planiol (*loc. cit.*) parle de la sanction partielle de la jurisprudence, cette dernière se voyant
« forcée, pour atteindre les donations entre con-

cubins, de les travestir en marchés onéreux, ce qui l'amène à maintenir toutes celles qui se font après la cessation du concubinage ». Et nous lisons dans le pourvoi cité plus haut, à la suite du fragment reproduit, cette juste critique : « Mais où le pourvoi se sépare de cet arrêt, c'est en ce qui concerne les limites que la Cour a cru devoir poser dans le temps à la convention pour qu'elle tombe sous le coup des articles précités... Si on admet cela, rien ne serait plus facile que d'éluder l'application des art. 1108, 1131, 1133, et ainsi de se mettre à l'abri par le temps dans lequel est intervenue une disposition reposant sur la cause la plus immorale. Les termes de la loi sont généraux, ils permettent d'envisager les faits et les circonstances au point de vue de leur moralité ou de leur immoralité, aussi bien dans le passé que dans le présent et l'avenir ».

Ainsi, moins dans le but de les frapper plus efficacement que par répugnance pour toute action qui obligerait à les mettre en pleine lumière, la jurisprudence applique la sanction traditionnelle aux conventions immorales, que l'immoralité soit théoriquement efficace — viciant l'un des éléments essentiels, cause ou objet, et entraînant par suite la nullité de la convention — ou même qu'elle ne ressorte que de l'examen du contrat dans son ensemble — le vice résidant, non dans le but immédiat, mais dans le but lointain que se proposent les parties et ne devant en principe avoir aucun effet sur la validité de l'accord.

Notons pour terminer : 1° qu'aux conventions dont l'immoralité théorique est douteuse et qu'elle annule plutôt à raison d'un danger social probable qu'en considération de la turpitude de la cause ou même des motifs, la jurisprudence paraît vouloir appliquer la sanction légale ; elle n'a plus alors de raison pour écarter les prétentions des parties (1) ; 2° que la jurisprudence pratique l'élargissement de la notion de cause (2) non seu-

1. Nous faisons allusion à la matière des *Entremises de mariage*. Bien qu'il soit malaisé d'établir la nullité de ce contrat, mais parce que « un pacte fait dans ces conditions est de nature à altérer la liberté du consentement des époux et de celui de leurs parents et qu'il est incompatible avec la dignité du mariage », la jurisprudence refuse à l'intermédiaire le droit au paiement [Paris, 11 janv. 1884, S. 1884, 2, 132. — Nîmes, 18 mars 1884, S. 1884, 2, 100. — Paris, 27 oct. 1892, S. 1893, 2, 24] et admet la répétition [Besançon, 6 mars 1895, S. 1895, 3, 196].

2. Vr. : sur la légitimité de l'assimilation de la cause aux motifs en général, la note de M. Appert, sous Cass.-req., 1er avril 1895 (S. 1896, 1, 289) : « Le Code civil eût pu décider que les contrats seraient envisagés non seulement en eux-mêmes, mais encore dans le but ultérieur que se proposent les parties contractantes. Mais il ne l'a pas fait et ne devait pas le faire... Et c'est pourquoi nous estimons cette nouvelle théorie aussi dangereuse en législation que contraire au droit positif. La vie sociale ne s'accommode guère de pareille inquisition. » ; sur la théorie de la cause dans les donations, les critiques de MM. Laurent (*Principes de Droit civil*, t. XI, nos 506-507), Huc,

lement lorsqu'elle veut pouvoir opposer aux parties la maxime *Nemo auditur...*, mais encore lorsquelle admet le droit à la répétition. Par exemple elle annule la libéralité excessive faite par un père à son enfant adultérin bien que l'adultérinité soit le motif et non la cause de la libéralité ; et, malgré la turpitude de ce motif, elle sanctionne la nullité par une *restitutio in integrum* parce que l'intérêt public s'oppose au maintien de l'*uti possidetis* (1). Par exemple encore elle annule comme ayant une *cause* illicite des libéralités faites à des communes pour la fondation d'écoles sous la condition que l'enseignement y sera donné par des congréganistes ; et elle agit ainsi précisément pour autoriser la révocation (2).

(*Commentaire théorique et pratique du Code civil*, t. VI, n° 43), Gauly (*Revue critique de législation et de jurisprudence*, 1886, p. 44), Planiol (*Rev. crit. de lég. et de jur.*, 1888, p. 705) ; sur la théorie de la cause en général, la thèse de M. Seferiadès (*Etude critique sur la théorie de la cause*, 1897).

1. Vr. : Lyon, 13 mars 1847 (D. 1847, 2, 75). — Cass.-req., 31 juill. 1860 (S. 1860, 1, 822). — Amiens, 14 janv. 1864 (S. 1864, 2, 11). — Cass.-civ., 22 janv. 1867 (S. 1867, 1, 49). — Cass.-req., 6 déc. 1876 (S. 1877, 1, 67). — Aix, 5 janv. 1882 (S. 1882, 2, 178). — Cass.-req., 29 juin 1887 (S. 1887, 1, 358).

2. Vr., sur ce sujet, les notes de MM. Labbé, sous Cass.-civ., 18 juin 1888 (S. 1889, 1, 145) et sous Cass.-req., 4 nov. 1890 (S. 1891, 1, 497), Bourcart, sous Nancy, 29 av. 1893 (S. 1895, 2, 309), et Saleilles, sous Dijon, 30 juin 1893 (S. 1894, 2, 185). — Voir en outre : Truchy, « *Des Fondations* », et Lambert, « *La stipulation pour autrui* ».

Conclusion. — L'étude des hypothèses pratiques conduit à la même conclusion que celle des arrêts de doctrine. Dans ceux de ces derniers qui sanctionnent les obligations illicites ou immorales par la fin de non-recevoir romaine, domine le sentiment que « le complice d'un acte que la loi réprouve ne peut trouver dans cet acte le principe d'une action en réparation des dommages qu'il a causés ». Or, si la jurisprudence en reste encore dans certains cas à la maxime *Nemo auditur....* alors que dans la plupart des autres elle fait une juste application de la loi, n'est-ce pas parce que lesdits cas révèlent chez les parties une turpitude, une indignité plus grandes, et que l'intérêt social n'exigeant pas comme dans les autres la restitution des prestations, la justice se refuse à recevoir une action — autorisée pourtant par la loi — « dans laquelle le demandeur excipe de sa culpabilité, se fonde sur son propre délit et offre de le justifier » ?

Nous croyons donc pouvoir affirmer à nouveau que la loi n'a été pour rien dans la marche de la jurisprudence : cette dernière, attachée dès le début et toujours à la tradition par des considérations d'équité, ne l'a abandonnée peu à peu et en partie que pour satisfaire aux exigences de l'intérêt social.

CHAPITRE VII

Législations étrangères.

(Notions sommaires).

I

DROIT ANGLAIS

Le Droit anglais (Droit coutumier) donne aux conventions illicites — *lato sensu* — la même sanction que le Droit romain : *nemo auditur propriam turpitudinem allegans*. Mais la théorie romaine s'est transformée au point de devenir méconnaissable.

D'une part au pur principe de la *Condictio ob turpem causam* — on ne déroge pas au Droit ancien en faveur de celui qui a consenti un acte honteux —, principe inspiré par les situations respectives des parties en cause et que traduit exactement la phrase de Paul « *ubi autem et dantis et accipientis turpitudo versatur non posse repeti dicimus* », le Droit anglais a substitué cet autre principe « *in pari delicto potior est conditio defendentis* », autre, disons-nous, bien qu'en apparence il semble identique au premier puisqu'il prive du secours de la loi celui qui la viole (1), bien qu'encore il aboutisse en procédure au même résultat puisque le défendeur conserve ce que réclame de lui le demandeur. Un abîme en effet les sépare, à savoir l'esprit qui les anime, car le Droit anglais se préoccupe uniquement de la situation de fait : « Ce n'est pas — disait en 1775 Mansfield, Lord Chancellar — par faveur envers le défendeur qu'il lui est permis d'opposer le caractère illicite ou immoral du contrat, c'est en vertu des principes d'ordre public et si le défendeur a l'avantage... c'est *par accident*, si je puis ainsi dire... ». Cette justification du principe rappelle le détour employé par les partisans français du système traditionnel pour concilier leur maxime avec l'art. 1131 : comme eux, le Droit anglais investit la simple possession du pouvoir que le Droit romain reconnaissait à la propriété ; il transforme une règle d'équité dictée par des considérations particulières, un retrait de faveur, en une fin de non-recevoir d'ordre public qui constitue une véritable peine puisqu'elle prive de l'exercice d'un droit.

D'autre part cette déviation initiale entraîne nécessairement des écarts dans l'application. En

1. Cette mise hors la loi n'est cependant pas complète, puisque le refus de venir en aide au demandeur profite forcément au défendeur.

refusant aux parties l'assistance de la loi, le Droit
anglais les punit d'avoir enfreint la loi ; des distinctions s'ensuivent, relatives au fait constitutif
du délit, à l'exécution et à la responsabilité.

Ainsi la règle romaine, qui s'applique aux
actions *ex contractu* et aux actions *ex delicto*, ne
s'étend pas aux contrats accessoires qui accompa-
gnent une opération illicite. Si par exemple, en
matière de pari aux courses, un individu reçoit
d'un autre le mandat d'encaisser les enjeux, le
mandataire est obligé de restituer au mandant les
sommes touchées des perdants qui ont négligé de
soulever l'exception de jeu ; car le mandat donné
à l'encaisseur ne constitue pas par lui-même une
convention illicite.

Ainsi encore il est fait exception depuis 1801 à
l'application de la règle romaine lorsque le résultat illicite, en vue duquel le *solvens* a payé, n'a
pas été atteint totalement ou même en grande
partie ; la violation de la loi demeurant alors à
l'état d'intention fautive, la culpabilité disparaît
en quelque sorte. Si par exemple un individu
simule une vente de marchandises à un autre
pour les soustraire à ses créanciers et si l'acheteur
fictif les revend sans le consentement du vendeur
fictif à un tiers qui connaît la simulation, le vendeur primitif est admis à répéter ses marchandises. On appliquerait pourtant la fin de non-rece-

voir quand bien même l'exécution se bornerait à la prestation répétée, si la convention était criminelle ou immorale au sens propre de ces deux mots ; car alors l'intention est tellement blâmable qu'elle suffit seule, pour ainsi diré, à constituer le délit et que l'obtention du résultat cherché ajouterait peu à la culpabilité du *solvens*.

Ainsi enfin le *solvens* peut répéter sa prestation, même si l'*accipiens* a de son côté exécuté la convention illicite, toutes les fois que celui-ci a exercé sur celui-là une pression ou contrainte morale pour obtenir son consentement, plus généralement, toutes les fois que les circonstances qui ont accompagné la formation du contrat sont telles qu'elles entraîneraient la nullité d'un accord conventionnel licite. Au cas de violence, par exemple, les deux parties se trouvent bien *in delicto*, mais non *in pari delicto* ; et la violence, viciant le consentement de celui qui la subit, exclut la responsabilité et par suite la peine.

En résumé, pour que le Droit anglais applique la règle romaine aux conventions illicites ou immorales, il faut que l'action en répétition, intentée par le *solvens*, soit fondée uniquement sur la nullité de la convention, que le résultat — seulement illicite — poursuivi par le *solvens* ait été atteint, qu'il y ait faute égale ou mieux responsabilité complète chez les deux parties, enfin que le juge ne croie pas devoir autoriser la répétition dans l'intérêt des tiers (par exemple, des créanciers) (1).

« Du reste — écrit M. Esmein dans l'étude citée en note — les Anglais ont limité avec leur sagesse ordinaire la théorie des causes immorales ».

II

DROITS EXPRÈS QUI REPRODUISENT LA RÈGLE ROMAINE

Ils sont nombreux.

L'article 75 du Code fédéral des obligations porte : « Il n'y a pas lieu à répétition de ce qui a été donné en vue d'atteindre un but illicite ou immoral ». Dans son *Manuel du Droit fédéral des obligations* (T. I, pp. 234-236) Haberstich signale la dérogation apportée par cet article au principe posé à l'article 70 en ces termes : « Celui qui, sans cause légitime, s'est enrichi aux dépens d'autrui, est tenu à restitution » ; et il ajoute : « La solution du droit commun.... [règle romaine]... prête le flanc à l'objection que le possesseur n'en est pas moins celui qui s'est enrichi aux dépens d'autrui.

1. V. : *Un chapitre de l'histoire des Contrats en Droit anglais* de M. Esmein (N. R. hist., 1893, p. 565). — Pollock, *Principes des contrats*, 6⁰ éd., 1894, pp. 361 et suivantes. — Story et Bidgelow, *Traité du Droit des contrats*, 565-569, 647, 662 et 669.

Sa possession est un faible motif de lui donner le droit d'être protégé dans son enrichissement. En cas d'immoralité des deux parties contractantes, il eût mieux valu dire qu'on ne peut exiger de l'administration de la justice qu'elle s'occupe de linge sale ». La critique est juste. Vogt désapprouve l'artlice. 75 comme étant en contradiction avec les articles 17 (« Un contrat ne peut avoir pour objet une chose impossible, illicite, ou contraire aux bonnes mœurs »), 177 (Nullité de l'obligation au cas de condition illicite ou immorale) et 181 (Nullité de l'obligation illicite ou immorale dont l'exécution devait être assurée par une clause pénale), et il renvoit à la jurisprudence française qui admet d'une manière générale la répétition ; Schneider et Fick (*Droit féderal des obligations*, sous l'art. 75), qui rapportent l'opinion de Vogt, objectent que l'Etat ne peut protéger un *solvens turpis*.

Le nouveau Code civil allemand applique aux actes juridiques contraires aux ,bonnes mœurs ou qui violent une prohibition légale — actes que les articles 134 et 138 proclament nuls — la sanction traditionnelle reproduite en ces termes par l'art. 817 : « Si le but d'une prestation était determiné de telle sorte qu'en l'acceptant celui qui l'a reçue a contrevenu à une defense légale ou aux bonnes mœurs, ce dernier est obligé à restitution. La restitution n'a pas lieu lorsque l'auteur de la prestation est coupable de la même contravention, à moins que la prestation ne consitât à contracter une obligation ; ce qui a été presté pour remplir pareille obligation ne peut être répété ». On trouve une étude spéciale et très détaillée de la question dans l'*Introduction à l'Etude du Code civil*, par Endemann (T. 1, § 103. 5ᵉ éd. Berlin, Carl Heymann, 1899), et la mention des dispositions légales relatives aux actes juridiques immoraux dans la table du Code, § 1001, au mot « Prétentions immorales » (*Unsittliche Ansprüche*). L'art. 55 a abrogé les dispositions du Droit prussien (L. R. I, 16, §§ 205 et 206) qui, au cas de turpitude commune ou de turpitude du *solvens*, permettaient au fisc de réclamer pour lui les prestations illicites. L'art. 47 a abrogé l'art. 3 de la loi sur l'usure du 24 mai 1880, modifié par l'art. 2 de la loi complémentaire du 19 juin 1893, qui, à raison de la nullité de l'opération, décidait que « tous profits usuraires fournis par le débiteur ou pour lui doivent être restitués avec les intérêts du jour de leur réception ».

Appliquent encore la sanction traditionnelle le Code civil autrichien aux « prestations données pour provoquer une action impossible ou illicite » (art. 1174) et l'article ajoute que « les lois politiques déterminent les cas où le fisc est en droit d'en faire la confiscation », le Code civil espagnol aux « contrats dont la cause est illicite » (articles 1275, 1305 et 1306) et l'article 1305 édicte la confiscation des choses litigieuses si le fait constitue un crime ou un délit, enfin le Code civil portugais aux « contrats qui ont pour cause ou pour but un acte criminel ou coupable » (article 671-4° et 692) et le paragraphe unique, qui suit l'article 692, porte que « dans le cas prévu par la première partie du présent article [turpitude commune] toute récompense donnée ou promise sera acquise aux établissements de bienfaisance en faveur de l'enfance ».

III

DROITS EXPRÈS NE REPODUISANT PAS LA RÈGLE ROMAINE

Ces législations répètent la nôtre : les articles 1371 et 1373 du Code civil hollandais et 1119, 1122, 1145 et 1237 du Code civil italien, par exemple, ne sont autres que nos articles 1131, 1133, 1235 et 1376.

CHAPITRE VIII

Conclusion générale

Répondant à la question que nous nous sommes posée au début de cette étude — Que doit-il advenir au cas de répétition d'une prestation faite en vertu d'une cause illicite, lorsque la turpitude est commune aux deux parties ? — M. Laurent, après avoir montré que la sanction traditionnelle est en opposition avec les textes du Code, l'esprit de la loi et les exigences de l'intérêt social, et conclu que la répétition doit être admise, donne du succès de cette sanction l'explication suivante : « C'est le prestige du Droit romain qui fait illusion aux magistrats. Jadis on disait : « c'est écrit » ; et ce qui était écrit dans les compilations de Justinien était la loi par excellence. Aujourd'hui cette loi est abolie, et bientôt ce ne sera plus que de l'histoire ».

Sans doute le fait que le Droit romain, dont les rédacteurs du Code se sont inspirés, appliquait aux obligations illicites ou immorales la maxime *Nemo auditur propriam turpitudinem allegans*

et que l'ancien Droit français l'a imité, sans doute
la tradition contribua à faire admettre la sanction
traditionnelle en doctrine et en jurisprudence
sous le régime du Code civil. Mais la tradition
n'est qu'un fait ; s'il est permis de l'invoquer lorsqu'elle se trouve conforme au Droit — par exemple
en faveur du maintien de dispositions légales —, on
ne le peut plus dès qu'il s'agit d'accréditer une
solution passée sous silence par la loi nouvelle et
quand les termes et l'esprit de cette loi, quand les
principes du Droit nouveau imposent une solution
contraire. Aussi ne tenons-nous pas l'explication
de M. Laurent pour suffisante. Les auteurs et les
magistrats, les juristes chargés de commenter,
d'interpréter et appliquer le Code, qui ont adopté
la règle romaine, ne se seraient certes pas pronon-
cés pour la tradition contre la loi, pour une règle
qui présentait seulement la valeur d'un fait historique contre un principe qui représentait le Droit,
ils n'auraient pas commis le contre-sens dont se
sont rendus fautifs leurs prédécesseurs de l'ancien régime, s'ils n'avaient eu une autre raison de
décider ainsi. Cette raison, efficace, prépondé-
rante, nous la voyons dans des considérations
d'équité, dans un sentiment. C'est parce que des
deux systèmes en présence, dont par ailleurs les
résultats de fait se valent, l'un a pour principe
un égal désintéressement de la justice à l'égard de

contractants également coupables, tandis que
l'autre admet un de ces derniers — et lui seul —
à se prévaloir d'une loi qu'il a violée, c'est parce
que refuser d'entendre toute prétention entachée
d'illégalité ou d'immoralité est plus conforme à
l'équité, à la morale, que faire droit à une
demande basée en fin du compte sur la participation à une convention illicite, que la doctrine et la
jurisprudence ont repoussé l'action en répétition
du *solvens turpis*. Auteurs et magistrats donnaient,
il est vrai, la sanction traditionnelle comme étant
aussi la sanction légale : « La loi... résiste à cette
supposition que.... », disaient-ils ; d'où l'on pourrait conclure qu'ils fondaient leur conviction sur
des considérations juridiques. Mais ils s'autori-
saient de l'équité, de l'ordre public en même temps
que de la loi (« La loi, d'accord avec la morale,
résiste.... »), ils faisaient valoir la supériorité
morale de leur solution : ce qui nous porte à
croire que, si les considérations de ce genre
n'avaient pas été favorables à l'application de la
maxime *Nemo auditur....*, ils s'en seraient tenus
aux seuls textes du Code, jugeant sans valeur cette
maxime dont le seul mérite eût été son caractère
traditionnel. En un mot, lorsqu'il s'agit de décider si le silence de la loi impliquait abrogation
ou confirmation de la règle romaine, le sentiment l'emporta sur le raisonnement chez ceux

qui se prononcèrent pour la confirmation. Mais comme le sentiment n'est pas un argument suffisant, les partisans de la sanction traditionnelle en trouvèrent un, meilleur seulement en apparence, dans l'ancien usage que le Code avait négligé d'abroger expressément.

Le Code a donc innové. Est-ce une raison pour se désintéresser des critiques dirigées contre la sanction qu'il impose, pour n'en pas diriger de nouvelles ? Nous ne l'avons pas cru ; nous nous sommes appliqués à montrer que le principe sur lequel repose la sanction légale — ce qui a été payé sans être dû est sujet à répétition —, non seulement blesse l'équité et paraît, sous cet angle, inférieur au principe d'exclusion bilatérale — *uti possidetis* —, mais encore donne comme ce dernier des résultats de fait déplorables en ce qu'il offre au débiteur d'une obligation illicite ou immorale un moyen de rescision dont ne dispose pas le débiteur lésé par une obligation valable, en ce que la sanction infligée aux contractants tourne inévitablement à l'avantage de l'un d'eux. Puisque le remède existe, qui, sans entrainer aucune modification essentielle de la théorie générale des obligations, permet d'améliorer le système du Code, pourquoi ne pas l'employer ? La confiscation de la chose litigieuse, accompagnant la *Restitution in integrum* à l'issue des procès relatifs aux conventions illicites ou immorales, donne entière satisfaction. Laissant subsister le droit à la répétition et par suite produire à la nullité absolue son plein effet, elle respecte la loi. Empêchant cette nullité, invoquée sous forme d'action ou d'exception, de devenir une source de bénéfices pour un de ceux qui l'ont voulue et purgeant les prétentions du débiteur, qui a tout à perdre, de leur caractère blessant, elle rend la sanction légale plus conforme à l'équité. Mettant enfin les contractants dans la pire des situations, puisque toute action du débiteur ou du créancier prive à la fois l'un et l'autre, celui-ci, du gain qu'il espère réaliser, celui-là de l'avantage qu'il tire de l'annulation, elle sauvegarde mieux l'intérêt de la société. Dira-t-on que l'important est d'anéantir les effets du contrat et que, le débiteur n'ayant plus avantage à agir en répétition, cet anéantissement se fera plus rare ? L'étude que nous avons faite de la jurisprudence nous permet de répondre maintenant à cette objection en toute connaissance de cause. On peut distinguer — nous le rappelons — deux catégories de conventions illicites (*lato sensu*). Dans la première rentrent les accords qui ne tombent sous le coup de l'art. 1131 qu'à raison du danger public présenté par le paiement : la répétition paraît alors socialement désirable, l'exception ou l'action moralement admissible. La seconde catégorie comprend les accords qui constituent, par le fait même de leur naissance et indépendamment de l'exécution, une atteinte aux bonnes mœurs ou à l'ordre public : dans ce cas la loi se désintéresse du sort des prestations, en même temps que les magistrats éprouvent une répugnance naturelle à entendre et juger des prétentions manifestement contraires à l'équité. Or la confiscation est un accessoire. La sanction proprement dite consiste dans la nullité absolue ; ainsi réduite, elle se suffit à elle-même, et nous ne proposons de la compléter par l'adjonction d'une pénalité que pour la rendre plus juste et plus efficace. On peut donc n'utiliser l'accessoire qu'au cas où il améliore la sanction. S'agit-il d'une de ces conventions que nous avons nommés illicites ? Comme d'une part l'intérêt de la société exige que la répétition ait lieu et réussisse, comme d'autre part celui qui invoque la nullité excipe d'une culpabilité relative, on applique la sanction simple. S'agit-il au contraire d'une convention immorale ? L'anéantissement des effets importe peu et la nullité, invoquée sous forme d'action ou d'exception, profite à un individu dont la culpabilité est absolue : aussi inflige-t-on la confiscation. La jurisprudence actuelle traite différemment, elle aussi, les conventions illicites et les conventions immorales. Mais voir appliquer à ces dernières la sanction légale suivie de la confiscation plutôt que la sanction traditionnelle nous semble aussi désirable pratiquement que théoriquement ; car, les parties n'ayant plus avantage à agir, les tribunaux appelleront bien moins souvent de ces affaires dans l'examen desquelles ils se refusent à entrer.

Sans doute la confiscation est une peine. Mais autant il serait cruel d'en frapper des individus dont l'accord n'implique réellement aucune turpitude et qui la plupart du temps ne font, en contrevenant à une prohibition de la loi, que suivre un usage ou même subir une nécessité économique, autant il est juste de l'infliger à ceux que le mépris de la morale seul entraîne dans une voie où la faiblesse ne va pas sans la perversité.

Vu :

Le président de la thèse,
ANDRÉ WEISS.

Vu :
Le Doyen,
GLASSON.

VU ET PERMIS D'IMPRIMER :
Le Vice-Recteur de l'Académie de Paris.
GRÉARD.

TABLE DES MATIÈRES

Laval. — Imprimerie parisienne L. BARNÉOUD & Cⁱᵉ.